别让双休日的放任毁了孩子

慕如雪 著

天津出版传媒集团

天津人民出版社

图书在版编目（CIP）数据

别让双休日的放任毁了孩子 / 慕如雪著. --天津：
天津人民出版社, 2018.3
ISBN 978-7-201-12722-4

Ⅰ.①别… Ⅱ.①慕… Ⅲ.①学前儿童—家庭教育
Ⅳ.①G781

中国版本图书馆CIP数据核字（2017）第299838号

别让双休日的放任毁了孩子
BIERANG SHUANGXIURI DE FANGREN HUILE HAIZI

出　　版	天津人民出版社
出版人	黄　沛
地　　址	天津市和平区西康路35号康岳大厦
邮政编码	300051
邮购电话	（022）23332469
网　　址	http://www.tjrmcbs.com
电子信箱	tjrmcbs@126.com
责任编辑	陈　烨
选题策划	李世正
特约编辑	杨佳怡
内文设计	邱兴赛
封面设计	仙　境
制版印刷	北京华创印务有限公司
经　　销	新华书店
开　　本	880×1230毫米 1/32
印　　张	8
字　　数	110千字
版次印次	2018年3月第1版　2018年3月第1次印刷
定　　价	38.00元

前言 PREFACE

　　幼儿园作为专业的幼教机构，有完全适应幼儿身心发展的科学教育理念和游戏课程，可为什么入园孩子在外的表现还是不尽如人意？唯我独尊，散漫，脾气坏，家里家外两个样……是幼儿园的教育不适应适龄儿童，还是自己的孩子太难管教？这是藏在许多父母心中的疑问。

　　每个孩子都是上天送来的礼物。从他/她诞生那天起，就成了家人最温暖的牵挂；他/她的每一次微笑、每一声啼哭，都牵动着父母的心弦。而父母最大的牵挂，莫过于把这个可爱的小人儿培养成一个出色的孩子。

　　可是，事与愿违，孩子在成长的过程中，爸爸妈妈们不得不面对一个现实：当初在自己怀里咿呀学语的那个可爱的孩子，随着年龄的增长，越来越不乖了。他们要么蛮横娇气，不讲道理；要么胆小怕事，像一只温顺的小猫，早已远离了心目中那个期许的样子；最要命的是，他们开始把大人的话当成耳旁风，不仅没有养成良好的行为习惯，还时不时做出"熊"事来，让人既焦躁又不解。

人之初，性本善。世上根本没有教不好的孩子，更没有"熊孩子"的理论。在孩子的生长发育周期中，处于幼儿期的孩子正处在第一叛逆期，他们在不停地探索各个领域的同时，也在不停地试探和挑战各种规则。在幼儿园里，有老师的严格要求和有效约束，大多数孩子都能遵守老师制定的各种规矩，表现良好，活脱脱一个好孩子。可是回到家里，又恢复了原始的样子，让父母不得不郁闷孩子怎么如此难教。

作为一名多年在幼教一线打拼的教育工作者，我要告诉父母们，其实不是孩子难教，而是大家似乎忘记了幼儿园和家庭是孩子幼年时期生活的两个主要场所，而家庭是孩子人格塑造的最重要场所。到了双休日，父母往往心疼孩子一连上了五天学，在幼儿园受了很多管教和束缚，于是放松了对孩子们的严格要求。不再按时叫孩子起床，不再让孩子遵守一定的秩序，多睡了会儿觉，少说了一句"谢谢"，与小伙伴玩耍的时候抢了一下玩具等都是一件件小事，可是在孩子心中，却是大开的特赦闸门。父母的放任、娇宠，还有所谓的"静待花开"，不仅没能起到正面的管教作用，反而给孩子的成长浇灌出一个舒适区，而舒适区又像一顶魔咒，能打破人的所有意志，一旦在这个区域待久了，规则便成了镜中月、水中花，不再起一点儿作用。可以说，从来都不是管教无力，而是双休日的放任将幼儿园的教育一点点归零。

专注于研究家庭和学校教育的乌克兰教育家苏霍姆林斯基说过，"父母是孩子的第一任老师，父母若放任孩子不管，孩子恶习一旦养成，学校不知要花多少时间和精力来对他进行'再教育'，这对孩子、家庭和学校都是巨大的损失。"想让5+2≠0，父母就要从双休日的两天家庭教育入手，积极摆正家校之间的微妙关系，配合幼儿园的全程教育理念，杜绝自己漫不经心的亲子方式，正确引导孩子在家里的各种表现，一点点向孩子渗透规则意识，带领孩子走出行为舒适区，最终成长为你眼中最棒的好孩子。

目录 CONTENTS

第 1 章　**散漫是种病**

父母是孩子的一面镜子，父母给孩子一个什么样的榜样，孩子就会还给父母一个什么样的翻版。父母的散漫生活习惯和处事态度，直接影响着孩子良好习惯的养成。

第 2 章　孩子的唯我独尊，都是父母惹的祸

每一个蛮横的人后面都有一堵厚重的墙。父母的骄纵和宠溺就是孩子背后遮风挡雨的墙，遮挡住孩子向外看的眼睛，让他／她变得骄傲自大，以自我为中心。

第 3 章　别让妥协成为孩子挑战你的软肋

制定计划和遵守规矩这件事，大人和孩子之间就像进行着一场拉锯战，你只要稍稍示弱，孩子就会一往无前地冲上来。教育孩子一定要保留自己的底线，一味地妥协只能成为孩子挑战你的软肋。

第 **4** 章　你的孩子是宝贝，别人的孩子也是天使

悦纳是一种美德。悦纳自己是爱己，无条件地悦纳别人才是真正地爱他人。悦纳别人，从由衷地欣赏别人的优点开始。一个孩子不懂得接纳和欣赏别人的优点，不能从他人身上汲取力量，很难有光明的未来。

第 **5** 章　老师不该是你的敌人，你们是并肩前行的战友

现在社会上对老师有不少负面评价，导致很多父母也跟着有了不少负面的情绪，这样做真的大可不必。在孩子成长的道路上，老师是除父母亲人外最希望孩子成功、快乐、幸福的。父母和老师，不应该是对立的两个个体，而是并肩前行的战友。

第 6 章　孩子为什么有两张"脸"

在家里蛮横霸道简直是一个小霸王，在外面却温顺得像只小猫；在爸爸面前懂事得像来自外星的孩子，在妈妈面前马上恢复了"小磨人精"的面孔。难道孩子天生就是优秀的演员？答案是否定的。错误的教养方式正在把孩子变成了"两面派"。

第 7 章　为什么你的教育无能为力

按照育儿书上传授的方式严格教养，孩子依旧养不成规矩；按照专家指导的方法平等温和地对待孩子，孩子还是我行我素，淘气上天。难道养育孩子真的这样难？

第8章　教养攻略——做好孩子成长的舵手

家庭和幼儿园是幼儿生活的两个主要场所，孩子所有习惯的养成都是在这两个场所完成的。3～6岁是幼儿的关键期，当两个场所的要求和规则不一致的时候，幼儿会茫然无措，无所适从。让孩子平稳度过这一重要时期，最有效的办法是与幼儿园保持一致，配合老师，引领幼儿学习和掌握各种规则。

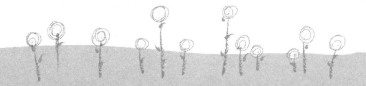

第 1 章

散漫是种病

父母是孩子的一面镜子，父母给孩子一个什么样的榜样，

孩子就会还给父母一个什么样的翻版。父母的散漫生活

习惯和处事态度，直接影响着孩子良好习惯的养成。

1　教规矩是幼儿园的事，错得很离谱

　　没有规矩不成方圆。提到教孩子规矩，大多数父母都会有这样一个想法，幼儿园才是孩子学习规矩的主要地方，等到上幼儿园的时候跟老师学就好了，自己只要保证孩子吃好、穿好，做好孩子的后勤团，让孩子拥有一个可以回忆的美好童年。可事实是这样子吗？当然不是，"养不教，父之过，教不严，师之惰"，早在一千年前的先贤就指出，教规矩，教育孩子，不仅仅是幼儿园的事情，以父亲为首的父母们，才是教孩子规矩的主力军。然而，很多父母还是不知道这其中的奥秘，把孩子学规矩的事推给了幼儿园。

相对于幼儿园，父母更有责任和义务教孩子各种规矩。孩子上幼儿园一般都是满三周岁，而孩子作为独立的生命个体接触世界，从周岁就已经开始了。儿童教育专家和心理学家经过研究分析得出结论：0～3岁是孩子性格的萌发期，也是塑造期，还是行为习惯的养成期。这个年龄段的幼儿，最容易接受大人的指示，更容易养成习惯。如果抓住这个时期，教孩子自己穿衣吃饭、饭前洗手、礼貌待人、整理自己的玩具等这些习惯，对孩子以后的学习成长都十分有利。

礼貌待人、与小朋友友好相处，是孩子在很小的时候就应该知道的事情，它不应该是孩子上了幼儿园后让老师来教。因为孩子在上幼儿园之前，已经有了几年的生活经验，幼儿的一些行为已经形成了习惯，此时想要一时改正过来会很困难。所以，做什么都是一样，要从很小的时候抓起。

幼儿年龄小，需要了解的规矩一般包括生活日常规则和行为规范两个方面。

每年新学年开始的时候，我们接收的小班幼儿中，经常有不会自己拿勺子吃饭，不会自己穿鞋子的小朋友。相对的，有的小朋友不仅自己做得很好，还能帮助其他的小朋友。这就反映出，事事会做的小朋友，在家里爸爸妈妈一定做过相关的训练与指导。

记得有一次我接手小班新生，就遇到这样一个孩子。开学第一天，别的小朋友都粘着爸爸妈妈哭着不肯离开，只有她不仅摇着手和爸爸说再见，还拿着玩具哄其他正在哭的小朋友。吃午饭的时候，又自告奋勇地帮我发牛奶和面包。我非常好奇这么小的孩子怎么会这么懂事，后来在一次和她妈妈的聊天中知道了谜底，原来在她很小的时候，爸爸妈妈就不止一次告诉她幼儿园里的事，还抽时间带她到幼儿园看老师和小朋友们做游戏，她心里充满了对上幼儿园的期待，不止一次吵着问妈妈什么时候送她上幼儿园。这样一个渴望上幼儿园的孩子被送到幼儿园自然不会哭闹。而爸爸妈妈知道上了幼儿园自家的孩子就会与很多小朋友相处，所以两个人又教给孩子许多与小朋友交往的规则。因此，这个小朋友虽然到了一个新的环境，但她也能如鱼得水应付自如。

都说孩子之间有差别，其实差别的源头就是有没有被告知并好好遵守规则。比别的孩子更早地知道规则，养成更多良好的习惯，就会领先一步。

相对于规矩，把幼儿应该了解的事情说成规则更恰当。最常见的是生活规则和行为规则，尤其是行为规则，在孩子很小的时候父母就应该告诉他。

　　张爱玲说过，"出名要趁早。"学规矩也要趁早，越早越好，孩子的年龄越小，就越容易接受采纳并形成习惯。教育界有一个白纸理论：幼小的孩子就是一张白纸，教他什么都容易高兴地接受。这个时期，如果父母把正确的生活习惯和学习习惯教给他，就等于给了他一把通往未来的钥匙。

　　作为幼儿园教师，我经常听到这样的亲子对话，"宝贝儿，你的衣服怎么湿了，老师没告诉你喝水的时候要小心点儿吗？""怎么又和小朋友吵架了，老师没告诉你要好好和小朋友玩吗？""你怎么又把书撕了，老师没说过不许撕书？"

　　对于这样的对话，我常常为父母的想法感到难过，虽然教育孩子是幼儿园的事，但若是每个习惯都等到幼儿园的老师去教那就晚了。如果父母不告诉孩子不能欺负小朋友，要好好玩耍和睦相处，那么在幼儿园里这个孩子就有一段时期会被其他孩子排斥，因为小朋友都不喜欢蛮横的伙伴；如果父母不告诉孩子要懂礼貌不能讲脏话，到了幼儿园这个孩子也要忍受一段被"嫌恶"的时期，因为小朋友都不喜欢不被尊重。孩子还有一种随他性，当有几个孩子不喜欢你，那么大家都开始不喜欢你，这样就会把孩子推到孤僻的边缘。

孩子在一岁多的时候就有了和小朋友交往并做游戏的愿望，和小朋友玩耍的时候要友好，要懂得礼貌和谦让。孩子在游戏的过程中也在摸索着交往的法则，这个时候父母把交往的规则教给孩子，他就会慢慢地牢记于心。

教规矩绝对不仅仅是幼儿园的事，父母是孩子的第一任老师，应该第一时间把规矩和常识教给孩子。

2 好习惯毁于散漫

　　每个父母都希望自己的孩子养成好习惯，而且也都在督促孩子养成好习惯的路途上奋力求索。可是，现状却不是十分令人满意，有不少孩子并没有养成良好的习惯，这从网络上的各类新闻中就可以看出来。

　　台州一位上了小学二年级的女孩，早晚都不愿意刷牙，放学想不起来做作业，被妈妈剃光了头发，发在了朋友圈里"示众"；诸暨市一个6岁的小女孩，屡次偷偷拿妈妈抽屉里的钱，妈妈管教无法，把她拉到大街上拿着一个盘子乞讨……在我们的身边这样的事件有很多，每个事件里都有一个被孩子折磨得无计可施的父母，和一个养不成好习惯的孩子。那些父母的状况，用焦头烂额来形容一点儿也不足为过。

我表妹小菲每天都被他的儿子熊熊弄得焦头烂额。焦头烂额的主要原因是，无论表妹怎么说、怎么劝、怎样引导，熊熊还是没有养成一点儿好习惯，就连早晨洗脸刷牙这样的小事情都需要她一催再催。表妹实在被弄得没有办法，让我有时间到她家帮忙找一下熊熊养不成好习惯的原因。

好姐妹这点事情自然要帮忙。一个周末，我推掉其他的事情，去了表妹家，刚一迈进房间，我就险些缩回了脚。我去的时候已经将近八点钟了，当时是夏天，早已经日上三竿，可是，表妹家的窗帘还是拉得严丝合缝。表妹穿着睡衣，披散着头发，一看就是刚从床上爬起来的。而房间一角的小床上，熊熊搂着一个小熊睡得正香。我笑着打趣："这都太阳晒屁股了，你怎么还不叫熊熊起床啊？"表妹笑笑说："姐，你忘了，今天可是周末，我上了一周班，熊熊上了一周学，周末了我就让他多睡一会儿。"说完钻进了厨房，我却望着熊熊出了神。带过孩子的我知道，熊熊到现在还呼呼大睡，可不是多睡一会儿那样简单，孩子都是精力十足的，如果不是睡得太晚，是不会早上不起床的。熊熊看起动画片来就没完没了的事情早已经是亲戚圈中公开的秘密了。孩子一般都能早起，这个点儿还不起床，不会是昨天晚上看了通宵的动画片吧？

一问表妹，果真如此，昨天熊熊睡得很晚。不过不是看动画片，而是和她一同看电视剧。休息日就可以晚上不睡觉，早上不起床，熬夜看剧，看来表妹的生活习惯也亟待培养。

表妹没有好的生活习惯，早餐做得倒很快，没几分钟早餐就端上了餐桌。看着饭菜端了上来，我赶紧叫熊熊起床。熊熊看见是我，一骨碌从床上坐了起来，不过他并没有马上穿衣服，而是坐在床上玩起了变形金刚。"你怎么能这样，妈妈已经做好饭了，我们快点儿穿好衣服洗漱好过去吃饭。"我边说边把衣服套在熊熊的身上，推推搡搡地拖他去洗脸，谁知道还没走到卫生间门口就被表妹拽了回来。"不用洗脸了，先吃饭，吃完了一起洗，反正他吃饭也得弄脏脸。"表妹说完一把把熊熊按在了座椅上，又往他的手里塞了一个勺子。我被表妹一连串的动作惊住了，呆呆地愣了好半天才缓过神来，问她："你不让熊熊洗脸，怎么也不让他刷牙啊？"

"刷牙，姐，你怎么这样较真啊，我们脸都没洗，还刷牙干什么，吃完饭一起刷就好了，我们经常这样。"表妹说着又往熊熊嘴里喂了一大口粥，放下碗对我说："你忘了今天是星期六，孩子不上学，我不上班，随便一点儿，就当是放松了。"

听到她的这句话我真的有些无语了。休息日就可以散漫放任，怪不得熊熊养不成好的习惯，因为在家里表妹根本没给他提供养成好习惯的土壤。

父母永远是孩子的一面镜子，表妹的生活散漫，不拘小节，孩子自然有样学样，那些幼儿园老师教的好习惯，早就被他忘到爪哇国去了。洗手洗脸刷牙是多简单的事情，哪里有做不好的人？人都有一个本能，向往舒适。而孩子每天都活力四射，根本就分不清周末和平时的区别，表妹让孩子周末好好休息一下，等于变相地告诉孩子周末可以松散。时间久了，孩子记在心里的就只有散漫带来的感觉，因此散散漫漫也就成了他日常生活的常态。

我们班里有一个叫青青的小女孩，不仅长得漂亮还聪明可爱，是班里为数不多的优秀孩子。可是这个学期我发现她有了新变化，上课的时候不像以前那样坐得端端正正，而是喜欢趴在桌子上，铅笔橡皮也不像以前那样装在铅笔盒里，让她回答问题或者做事情，也是一副懒洋洋的样子。我为此感到奇怪，旁敲侧击地问了几次，青青也没能给出我想要的答案。

让我没想到的是，答案竟然会在亲子联谊会上找到。那次学校组织亲子联谊，规定每个孩子必须有一名父母参加，来的是青青的妈妈。活动开始没多久，青青妈妈就趴在了桌子上。事后她向我解释，自己今年做了一个大手术，大概是没有休养好，总觉得全身没力气，每天下班回家要躺在床上喘上好半天才会舒服些，所以在家里她经常躺着。这次要不是青青爸爸出差了，青青又哭闹，不然说什么她都是不会过来的。

看着青青妈妈疲惫的脸，我找到了青青最近表现的答案。虽然青青妈妈的"散漫"事出有因，但是对于一个只有5岁的孩子来说，她是分辨不清妈妈"散漫"的原因的。孩子模仿能力强，妈妈回家躺在床上休息的状态就成了她的状态，而且她发现这样的状态非常放松和舒服，开始喜欢和享受这种状态就理所当然了。这就是青青和以前大相径庭的原因。孩子的可塑性都很强，一旦给她一个模仿的力量，她势必会去仿照和学习。

这并不是危言耸听，人都有一种喜欢舒适的天性，小孩子更是如此。父母散漫的生活方式，让孩子觉得自在，没压力，自然非常愿意效仿，一旦散漫随意成了习惯，那些之前养成的好习惯也就理所当然地被替换掉了。

青青是一个例子，熊熊更是一个例子。如果表妹不懒懒散散地悠闲过周末，熊熊一定不是像现在这样懒懒散散。散漫就像看不见的怪兽，不仅可以磨损孩子的意志，还能让孩子变得毫无生气。幼儿园孩子是这样，如果蔓延到小学中学的孩子会更可怕，作业拖拉，对什么都没兴致，最终可能导致他们一事无成。儿童学家经过研究发现小时候散漫成性的孩子长大成功的概率非常低，因为长年累月的松散让他们对什么都没有兴趣和目标，艰苦的学习和辛苦的工作对他们来说都是负担或者说是一种灾难。他们松散的身心已经很难接受生活的磨砺。

万事都有法则，有情况出现就都有避免的办法。避免孩子形成散漫的性格，父母可以以身作则，从自己做起，给孩子一个好榜样。尤其是对年幼的孩子，父母更是孩子身边的老师，父母做事雷厉风行，有板有眼，都是对孩子正确的引导。曾经有一对夫妻，为了让孩子不变得散漫、懒惰、安于享受，他们从幼儿园把孩子接回家后，无论多累两个人总是找事情做，不让孩子看到自己无所事事的一面。以"工作狂"著称的日本人更是有一个约定俗成的习惯，劳累一天下班回家的爸爸，到家之后就躲进书房伪装工作，目的自然是不想给孩子留下自己散漫不思进取的印象。

给孩子一个正面的影子，孩子才能奋力地向前奔跑。

3 幼儿园不仅仅是玩儿

逛育儿论坛，看到一个要不要送孩子上幼儿园的帖子。帖子是一位年轻妈妈写的，她在帖子中一一列举送孩子上幼儿园的"弊病"：有老师规范着，孩子不能随心随遇地玩耍；三个老师要照管三十个孩子，不能面面俱到；吃饭的时候也必须吃同样的餐饭；不管孩子有没有午睡的习惯，都要躺在床上小憩一会儿；由于憋了一周，周末两天孩子在家里跳上跳下地疯淘……林林总总，把孩子送到幼儿园后，父母所有的担忧和不满都列举了出来，可见是对送孩子去幼儿园有多么大的抵触。

虽然列得周全，可是这位妈妈却忽略了一个事实：把孩子送到幼儿园不仅仅是玩的，是给孩子提供一个场所，让孩子更好地学习成长。

上幼儿园的孩子能得到什么？

第一，上幼儿园能学规矩、养习惯。

中国的家庭，尤其是一加一的独生子女家庭，四个老人，两个年轻人，加上一个孩子的家庭模式，很少有一定的家庭规则，多数孩子都有散漫、任性的坏习惯。幼儿园根据孩子身心特点制定的各项规矩，都能对孩子起到约束的作用，为孩子以后升入小学，甚至走向社会都打下良好的基础。

3岁的涛涛，不仅淘气还不讲卫生，每天洗手洗脸都成了负担，要妈妈连哄带劝才匆匆洗一下。可是上幼儿园第一天放学回来，书包还没放下，就让妈妈帮他洗脚，弄得妈妈一头雾水。听了涛涛半天语无伦次的解释后才清楚，原来上课的时候老师说，讲卫生的孩子才是好孩子，让小朋友们回家都好好洗头、洗脸、洗脚，涛涛就听话地进门洗脚了。这让涛涛妈妈哭笑不得，也觉出了送孩子去幼儿园的好处。

4岁的琪琪在家里是个磨人的小公主，不吃青菜、土豆、胡萝卜，吃饭成了琪琪妈妈每天最头疼的事。后来琪琪上了幼儿园，不仅什么饭菜都吃得香，还告诉妈妈，谁知盘中餐，粒粒皆辛苦。原来幼儿园老师告诉小朋友不许挑食，好好吃饭才能快快长大。一学期下来，琪琪原本瘦弱的小脸鲜亮了不少，琪琪妈妈自然是开心不已。

第二，上幼儿园能让孩子学会独立。

孩子在妈妈身边就是一朵温室里的花朵，在强大的母爱呵护下，总也长不大。当孩子来到幼儿园过上集体生活时，因为没有了大人的庇护，很多事情都需要自己来做，也就会变得越来越独立。

3岁的强强，非常胆小，每天都粘在妈妈的怀里，见到谁也不敢大声说话，气得妈妈直说他长大了也成不了男子汉。可自从上了幼儿园，和小朋友玩了一学期之后，胆子变大了，动手能力也变强了，穿衣服、鞋子不用爸爸妈妈帮忙，而且在幼儿园里还抢着帮老师发牛奶。每天回到家，小嘴巴嘟嘟嘟地和妈妈说个不停，把幼儿园里发生的大事小事都告诉妈妈。强强妈妈每见了一个熟悉的人都忍不住夸赞，上了幼儿园之后，强强长大了。

一般来说，上了幼儿园的孩子有较强的纪律性，这便是我坚定地认为孩子一定要上幼儿园的理由。

我任教的幼儿园，每年开学初，都会接收部分没上过幼儿园的插班孩子，别的孩子早已经知道上课下课，知道了公共规则和秩序，而这些插班的孩子却什么也不知道，在课堂上大喊大叫，随意走动，抢别人的玩具，要规范很多次才知道守规则。可想而知，要是不上幼儿园的孩子，直接坐在小学的课堂上，会多难适应。

任何事情都有有效期，孩子学规矩同样也有有效期。孩子最善于接受别人意见的年龄段是3～5岁，错过了这个时期，再教授就要费上数倍的心血。

幼儿阶段最重要的不是学知识，而主要是让孩子形成终身受益的品质、态度、情感、能力，这些也非常重要。这一切，在家庭的单一环境下，是不可能完全形成的，而幼儿园里的游戏更适合各种规则的理解和接受。

美国曾做过一个有趣的调查：在各个年龄段的人群中印象最深刻的老师，有64%的人给出的答案是幼儿园老师。

1988年的世界75位诺贝尔奖获得者在巴黎聚会，有人问其中一位获奖者："您在哪所大学、哪个试验中学到了您认为最重要的东西呢？"这位白发苍苍的获奖者答道："是在幼儿园。"

孩子的心理认知能力和接受能力，在3～6岁之间。这个阶段刚好是幼儿园阶段。一位知名的企业家曾经满怀情感的说，自己在幼儿园学到了一生最重要的智慧。

许多不同意把孩子送去幼儿园的父母，都有一个最大的担心——孩子年龄小，到了一个新的环境，恐怕不适应。

这是一种非常有趣的想法，我们幼师界有句金句：孩子越大越难送。越大的孩子，他懂的事情就越多，更舍不得离开家人。相反，孩子小的时候，用玩具，零食等吸引，送起来相对容易。在我们幼儿园里，适应力最强的是三岁左右的孩子，家里没有的新奇玩具、新鲜环境，都让他们很快地爱上这里。另外，你可以不送孩子上幼儿园，将其呵护在家中，那将来上小学、中学呢，总有一天要和孩子分离的。

真正的母爱是一场得体的退出，照顾和分离是母爱必须完成的任务，送孩子上幼儿园是完成这个任务迈出的第一步。

上幼儿园除了是对幼儿最好的一次分离行动，还有更重要的一点就是关于规矩的养成。正如前文发帖子的那位妈妈在帖子中"控诉"的那样，统一的时间用餐，统一的时间如厕，统一的时间活动，统一的时间睡午觉，上课的时候不许随处走动，等等。只要是懂得一些育儿知识的人都会知道，孩子三四岁是秩序敏感区，有序的生活环境和规范的行为要求更能加速这方面的认知，懂得规矩的重要性，也更有利于孩子养成各种好的生活和学习习惯。而这些，不正是父母们求解的吗？

4　放任不等于减负

　　给孩子"减负"已经成了这几年的教育口号，喊出这句口号的缘由是，现在的孩子太辛苦了，小小年纪就背着书包去上学，为了考个好成绩，将来有个好工作，早早地开始奔波。所以，不仅家里有中学生和小学生的父母喜欢把"减负"这两个字挂在嘴上，表达他们对孩子理解和关爱，就连幼儿园的父母也加入了喊这个口号的行列。

　　今年暑假，我带着儿子到婆婆家过暑假，在婆婆家，儿子有一个与他同岁的好伙伴洋洋，两个人每天都在一起玩电脑游戏，有一次天都快黑了，两个人还没有分开的意思，我叫儿子回家。洋洋的妈妈一下子拦住了我说："孩子平时上学，没有时间玩，现在放假了就让孩子好好玩一下，减减负。"

看我没有说话，洋洋妈妈开始分享她的育儿经：孩子平时上学太累了，所以每次放假或者休息日她都会让孩子尽情地玩儿，从来不约束他。她说自己不是溺爱孩子，而是孩子的童年只有一次，她心疼孩子小小年纪就那么辛苦，不自由。放假了晚睡、看电视、玩游戏能怎么样，上学了还不是要回到轨道上来，给孩子减负不能仅仅是口号，一定要落实在行动上，那样孩子才能真正有一个快乐的童年。

真是一个爱孩子的妈妈。可是，放任孩子真的是在给孩子减负吗？我儿子也有一段关于减负的往事。

儿子喜欢看电视。为了他的视力着想，我们严格地控制着孩子看电视的时间和频率。只要孩子看电视超过了规定的时间，我就会过去关上电视。儿子上幼儿园的时候，这个办法十分有效，虽然他会哭闹着抗议，但也只好眼泪汪汪地离开电视机。可是一到放假或者双休日，这个办法就一点儿也不灵验了，我们和公婆同住，只要看见我厉声地把电视关掉，公公婆婆就会出来"护短"说："上学时候少看电视行，现在放假了你就让孩子多看一会儿吧，孩子上了一学期学够累的了，让孩子放松放松。"然后，没等我做什么反应，就拉着儿子的手进了他们的房间。几乎每年的寒暑假和双休日，我们家都要进行这样的"看电视战役"。以至于一到假期，儿子就粘着电视不放，还美其名曰："爷爷奶奶让我放松一下。"有一年暑假，我因为到外地学习，没法在家里督促，儿子也就放任地看了一个假期的电视，等我回来的时候，不仅我以前给儿子定的每天只能看两个小时电视的规矩被打破了，还把眼睛看坏了，后来看什么都要歪着头，最后实在没办法，只好给儿子配了一副眼镜。

减负把儿子的眼睛"减"坏了。公公婆婆才承认自己的做法太不合适了。

孩子没有太强的自制力，放任绝对不是给孩子"减负"的有效手段。我们班上的玲玲小朋友是另一个放任减负的例子。

玲玲5岁，我已经带了她三个学期。几乎每个学期开学，我都会发现一个特别的现象，玲玲不仅懒懒散散，还不遵守幼儿园的规则，需要约束好几天才能改过来。有一次我奇怪地问她的妈妈："休息一个假期怎么孩子和在学校时变化这样大呢？"她妈妈一脸无奈地告诉我："还不是心疼她上学的时候辛苦，想着放假了，也给她好好放放假，没怎么约束她，谁知道她就这样了。"

玲玲妈妈接着给我讲了玲玲在家里的作息：每天七八点钟才起床，早上起床第一件事就是打开电视看动画片，别人都在吃早餐了，她还坐在电视跟前，等到她饿了想吃饭的时候，已经是九十点钟了，下午依然是这样，也不好好吃饭，有时候玩累了，洗脸刷牙都要别人督促。玲玲妈妈无奈地说："这孩子，真是拿她没办法。"

玲玲妈妈的话说出不少妈妈的疑惑，现在的孩子，让他们养成好习惯怎么这样难呢？

不是难，是大家理解错了一个概念，孩子放松可以，但是放松对孩子行为习惯的要求，并不是真正的减负，减负从来不等同于放任。我的公公婆婆放手让孩子看电视，洋洋妈妈放手让孩子玩电脑游戏，都不是减负，而是放任，放任孩子沉迷在玩乐当中。心理学家研究指出，一项看似简单的行动，如果你能坚持重复21天以上，你就会形成习惯；如果坚持重复90天以上，就会形成稳定习惯。如果这21天中，有几个断裂带，就需要重新养成。可见，放任和散漫有异曲同工之效。也可以说成是：另类的散漫，只能让孩子离养成好习惯、遵守规矩这条路越来越远。

生活中的很多父母，放假了就疏于对孩子的管教，以为是给孩子好好放个假，其实不知道，你的放任，是孩子散漫的最好推手，放松过后，孩子的新习惯又需要很长一段时间来养成。有的孩子，整个童年期，都在习惯的养成和放松的循环中度过，以至于孩子都到了上小学的年纪，还是没养成好的生活和学习习惯，毛病多多。

5　幼儿园的规则用不用带回家

　　为了方便和父母沟通，我开设了一个微信群，关于"幼儿园规则要不要带回家"这一话题是我微信后台接收到的最多的父母留言。一位妈妈给我留言说，她家的孩子每天睡觉前，都要妈妈把小鞋子放在自己的小床底下，把自己的小衣服放在床头，不然就吵闹着不睡觉，说是老师要求的。她觉着在幼儿园里这样要求完全可以理解，但是在家里就没必要这样做了。她请我告诉孩子，在家里的时候衣服可以不用放在床头上，鞋子更不用放在床底下，因为现在孩子几乎不听她的话，但是听老师的话。

她在后面还赘了长长的一段话：家和幼儿园是两个不同的场所，幼儿园有幼儿园的规则这都可以理解，可是家里有也家里的规则，回到家里还要把幼儿园里的那些规则带回来是真的没有必要吧。

　　虽然她这段话的后面赘着一个缓和语气的"吧"字，我也能看出她对孩子将幼儿园里的规则带回家隐藏着的小小不满，更多的是关于幼儿园的规则要不要带回家的疑惑。

　　看到留言我想到不久前遇到的两件事。一件是我应邀到表姨家做客，表姨家的小孙女楠楠刚好在我所教的班，所以小朋友见到我非常热情，早早地就把我拉到了餐桌前。还没等表姨张罗好饭菜，就捏着筷子在菜盘里给我夹了好几样菜，然后自己捧过米饭大吃起来。我抓着她的小手轻轻地问："楠楠，老师说过，吃饭的时候要怎么样啊？"楠楠眨着大眼睛大声地说："老师说要等大家一起吃。"之后放下筷子朝着我嘻嘻笑，我用彩笔给她画了一个小房子算是奖励。这时表姨的声音从厨房里传了出来："吃吧吃吧，想吃就吃，这是家，又不是幼儿园。"小朋友朝我挤了挤眼睛，拿起了筷子，同时也递给我一双。我自然没接，而是悄悄问楠楠："老师在学校教的东西，楠楠教给奶奶了吗？"

谁知道表姨的耳朵分外好用，还没等楠楠回答就抢着说："什么规矩不规矩的，这是家，家里要那样多规矩干吗？"看着苍老的表姨，我真不知道该说什么，只是有一个疑问在心中徘徊：幼儿园里的那些规矩真的不用带回家吗？就像理论必须实践一样，那些规则如果不应用，我们学着还有什么用呢？仅仅是在幼儿园里当一个好学生吗？

无独有偶，还有一次，在公交车站排队等车，这时候从远处走来一个中年妇女和一个小女孩。小女孩自觉地走到了队伍的后面，中年妇女却拉着小女孩站到了我的前面。

小女孩明显感到不理解，仰着头问："妈妈，我们不是应该排在后面吗？老师说坐车要排队。"

中年妇女看了一眼小女孩，冷冷地说："排什么队，你在幼儿园里用排队，现在没在幼儿园，不用排队。"小女孩的小脸露出了笑容，心安理得地站到了我前面。可是我却露不出笑容，也涌上了在表姨家的疑问：不用把老师教的带回家，应用到实际生活中，学而不用我们学了又有什么意义？

今天这个父母的留言便让我想到这个话题——幼儿园的规

则到底用不用带回家?

幼儿时期就是学习一些规则的时期,而把规则应用到日常生活中才是学习的最终目的。幼儿园是孩子的一个小社会,更是一座象牙塔,而家庭、社会才是幼儿最终需要融入的地方。我们所有人学习规则的终极目的都是将来更好地融入社会,更好地生活。

幼儿时期是幼儿习惯的养成期,包括生活习惯和学习习惯,养成一个良好的习惯孩子将受益终生。习惯不是填鸭式灌输就可以,需要日积月累地坚持和潜移默化地引导。

幼儿为什么喜欢把幼儿园的规则带回家呢?

幼儿园和家是幼儿接触的两个主要场所,更是幼儿的两所学校。而幼儿时期,由于理解能力和接受能力都没有完全发育,所以更容易接受一套规则,这也就是有许多孩子上了幼儿园之后,回到家里喜欢按照幼儿园老师的要求去做,因为他们的头脑里已经认定这套规则。这时候,家里的要求和幼儿园的规则不一致,幼儿会有短暂的无所适从,幼儿表达不清,所以只能用哭闹来表达。

爸爸妈妈完全不用担心孩子的这种行为表达,反而应该支

持孩子把幼儿园里的规则带回家，这不仅可以避免幼儿认知的
混淆，还可以有助于幼儿建立自己良好的认知体系，养成良好
的生活和学习习惯。

6 遵守为孩子定的规矩

　　几乎每个父母都知道让孩子养成规矩的重要性，更是有父母为了让孩子成为一个有规矩的孩子，给孩子制定了不少规矩。可是让父母们不能理解的是，孩子把这些规矩都烂熟于心了，但执行起来却好像没有规矩这回事一样，一点儿也不愿意遵守。

　　我的邻居张姐就每天都面临着这样的苦恼。张姐朋友多，张姐和张姐夫又是极其好客的人，经常有亲戚朋友来家里用餐。让张姐头痛的事情就出现了，只要把饭菜摆在餐桌上，儿子的筷子就伸到菜盘里了，这让张姐尴尬不已。

客人走了以后，张姐拉过儿子一顿训诫，告诉他家里来了客人，要等客人都坐下后才能动筷子。可是告诉归告诉，下次孩子还是我行我素，气得张姐都想过家里来客人的时候，把儿子送到别人家寄养。更是让我帮着想些对策，改掉孩子的这个坏毛病。因为实在不知道具体的情况，我一时也给不出答案，只好答应会尽心想办法。

　　一天我和张姐一起带孩子参加宴席，饭菜还没全部上来，张姐就拿起了筷子先吃起来，与此同时，她的儿子也拿起了筷子。看着她们大快朵颐，我一下子找到张姐儿子总是先动筷子的答案了。父母永远是孩子的一面镜子，行为习惯是如此，学规矩遵守规矩也是如此。一旦大人先打破规矩，孩子执行起来就非常困难。因为在他年幼的思维逻辑里不知道，这个事情是应该按照规矩做，还是应该按照大人的习惯做。尤其是3～7岁儿童，他们模仿的能力远远大于自我约束力。

　　我注意过每次宴席张姐都有先用餐的习惯，我和她出去应邀，餐桌上每次第一个动筷子的几乎总是她。她甚至还拿这件事情自嘲：我就是嘴急，看到饭菜上来就想吃。而我更是清楚地记得，她们家在没有客人的情况下，她也总是第一个端坐在餐桌前的。她们家里根本就没有全家人都坐下来才一起用餐的概念，正因为如此，所以行不成规范。虽然她告诉孩子很多次，而且孩子在幼儿园里也学过，但是家里来客人的时候，孩子还是忍不住先动筷子，习惯成自然，菜肴的诱惑总大于妈妈的一声声叮咛。

张姐的儿子不仅在这一件事上让她头痛，在其他事情上也是一样，只要有关规矩的事情，都让张姐一家头痛不已。

为了孩子的眼睛着想，张姐控制着他看电视、玩手机的时间。可是孩子却像着了魔一样，只要张姐不在家，就打开电视没完没了地看起来，如果谁要阻止他看电视，他就开始哭闹。对于手机更是如此，只要大人的手机放在台面上，小家伙就拿在手里，有密码锁打不开界面，也会盯着屏幕看画面。

张姐和我说起孩子这些事情时，一副无能为力的表情，好像她家孩子天生就是一个"熊孩子"，自己真是一点儿办法也没有。难道真是如此吗？人之初，性本善，哪有生下来就不好的孩子呢？

张姐家的情况我了解。她的公公有看电视的爱好，房间里的电视几乎天天开着，而张姐和张姐夫虽然严令禁止孩子玩手机，但他们二人每每忙完事情空闲的时候，都是捧着手机不放手。孩子的规矩和习惯也是和所处的环境有极大的关系，在这样的家庭环境中成长，让孩子不迷恋看电视，不爱上玩手机简直是天方夜谭。

记得有一次，我告诉张姐的儿子："爸爸妈妈不让你看电视玩手机是为了你好，你应该听他们的话。"谁知道小家伙把脑袋摇成了拨浪鼓，对我说："他们不让我玩手机，看电视，他们自己玩手机，看电视，我才不听他们的话呢。"

家里的规矩不应该仅仅是给孩子定的，父母是孩子的第一个老师，第一个规矩的执行人，父母都不守规矩，孩子又怎么会守规矩。他们不仅不会遵守，甚至在心里还会产生不满和怨恨，认为家人是和自己作对，这不仅不利于规矩的执行，还极大地影响了亲子关系。

曾经听到两个孩子的对话，"我妈不让我玩手机，可她却天天玩，不公平。""我爸爸不让我乱发脾气，但他却总大喊大叫。"

父母在关注孩子的时候，孩子也在关注着父母，监督着父母的一言一行。一旦他发现父母的言行与对他们的要求不符时，第一时间是觉得不公平，时间久了，他们就会对父母失去信任，那时候，父母定的规则规矩，对他们来说将不会起一点儿作用。

一个不喜欢看书，家中没有一本书的家庭，不会培养出一个爱看书的孩子；一个手机游戏不离手的父母，也不能培养出不玩手游，不迷恋电子产品的孩子。

一次参加某教育培训，老师讲了她朋友的一个故事。她朋友的孩子沉迷一个网络游戏，每天放学之后都要缠着玩一会儿，让她生气又无奈。朋友纳闷，自己对游戏没有一点儿玩的欲望，为什么自己的孩子这样喜欢玩游戏？老师当时没有给出具体的意见，而是请朋友拍摄下他们家的日常，她好针对视频给出答案。朋友将信将疑，回家马上拍了视频给老师。老师看了视频后指着视频告诉了她答案：孩子的爸爸正端坐在电脑前玩游戏，孩子又怎么能不喜欢玩游戏。

言传不如身教。父母总是用行动告诉孩子，什么该做，什么不该做。一个爱玩游戏的爸爸，告诉孩子不可以玩游戏，这当然没有一点儿说服力。

生活中有不少类似故事中爸爸一样的父母，总是命令孩子按照各种规则去做，而自己则我行我素，好像那些规则只是给孩子定的一样。这样做恰恰告诉孩子另一个事实——遵守规矩是你的事。每个孩子都是聪明的，当他们意识到这一点，执行起来自然心不甘情不愿。

在执行规矩上，幼儿园里的老师就做得特别好。老师一旦提到一个规则总是和孩子一起执行。比如老师告诉小朋友上课的时候不能吃零食，老师就从来不当着孩子的面吃东西；老师规定下课的时候才可以喝水，课堂上老师从来不拿起水杯，等等。这也是孩子更愿意听老师话的原因，老师是跟他一起制定规定并执行规定的人，在他们的心中，老师和他们是一样平等的，所以他们更愿意接受老师定的规则。

想让孩子愿意遵守自己定的规则，那么父母就应该像老师一样，一起和孩子认真地遵守它。

除此之外，和孩子一起制定规矩也是一个让孩子乐于执行规矩的好办法。好友潇潇是这方面有力的践行者。每周她都会和孩子一起制定规矩并一起执行。短短两年的时间她家孩子已经懂得了不少规矩，养成了不少好的习惯。

制定规矩的时候，因为时间跨度太大，执行起来有一定的难度，所以可以以周或者天为单位，更容易坚持，也更容易完成目标。而且还要有一个大概的标准和范畴，在这一范围内精化和细化。为了便于记忆和执行，短期时间内可以针对单独一项指定规矩，等到这个规矩掌握并且牢记了，再制定新的规矩，循环深化。

虽然说没有规矩不成方圆，但是相对于幼儿，规矩不是越精细越好，规矩太精太细，事事都有框架，会让幼儿反感，严重影响规矩的实施效果。因此父母可以从几大行为习惯入手，有针对性地制定。

无论怎样的规矩，制定起来都很容易，但执行起来都是困难的。这个时候，父母一定不要把自己当成规矩的监护人，要和老师一样，做规矩的执行人，和孩子一起并肩作战。

第 **2** 章

孩子的唯我独尊，
都是父母惹的祸

每一个蛮横的人后面都有一堵厚重的墙。父母的骄纵和

宠溺就是孩子背后遮风挡雨的墙，遮挡住孩子向外看的

眼睛，让他／她变得骄傲自大，以自我为中心。

1 孩子都有小脾气

在孩子成长的过程中，让父母最不能忍受的，可能就是孩子身上的坏脾气。俗话说"江山易改本性难移"，所有人都害怕孩子一旦拥有了坏脾气，对人生成长不利。更有父母会发出疑问：小孩子看起来什么也不懂，怎么也会有脾气呢？

孩子自然是有脾气的。3～4岁的幼儿就开始进入执拗的敏感期，有些孩子在还不到3岁时就提前进入这一敏感期。因为其语言动作、行动能力都没发育完好，自己做的事情未能达到自己的心理预期，又不能够清楚地表达出来，需要找一个出口把自己心中的情绪释放出来，这个出口就是发脾气。

吴女士新买了大房子，装修完毕后邀请了许多朋友到家里做客。其中一位朋友带了一个两岁的小男孩，为了"招待"这个小客人，吴女士把新给儿子栋栋买的变形金刚拿出来给小男孩玩。谁知道小男孩刚把变形金刚拿在手里，栋栋就冲了过来，不仅一下子抢走了变形金刚，还委屈地大哭起来，好像被抢玩具的不是小男孩，而是他，任凭吴女士怎么劝怎么哄都不行。最后小男孩的妈妈给栋栋一块巧克力，栋栋才破涕为笑。场面要多尴尬有多尴尬。吴女士尴尬之后就是不理解，这样小的孩子怎么会有脾气，而且还这样暴躁？

其实，3岁左右的幼儿有脾气是非常正常的事。这个时期他们的自我意识开始萌芽，对属于"我的"物品有强烈的占有欲和保护欲，他们把任何形式的拿取都视为剥夺。由于吴女士事先没和栋栋讲清楚，就把栋栋的玩具拿给其他小朋友玩，这让栋栋觉得自己的东西被抢占了，又苦于不会表达，就只好用发脾气来宣泄了。

就像没有人会无缘无故地去伤害别人一样，孩子也不会无缘无故地发脾气，他们的每一次大发脾气都能找到背后的原因。

丁丁的爸爸妈妈在外地打工，他和爷爷奶奶同住，成了留守儿童。每次爸爸妈妈给他打电话，他都哭闹着不接听，爸爸妈妈回来看他，他就躲在房间里不出来，也不和爸爸妈妈说话，有时候还会砸东西，每次都让爸爸妈妈非常伤心，而且还说丁丁是个脾气大的孩子。

不接爸爸妈妈电话，不和爸爸妈妈亲近，怎么看丁丁都像在乱发脾气。不过事情从丁丁的角度来看，就不是乱发脾气了，其他的小朋友身边都有爸爸妈妈，而丁丁的爸爸妈妈却不能陪在他的身边，他心里除了不理解，就只剩下生气了。因为他还小不会排解这些，就用发脾气来表达自己对爸爸妈妈的不满。对于孩子来说，他们最需要的是爸爸妈妈，在他们的世界里，没有财富的概念，只要爸爸妈妈能陪在自己身边就是最大的快乐。

我家孩子瑞瑞也是有脾气的，他发脾气的理由竟然是我和老公"说话不算数"。

瑞瑞喜欢动物，有一次，我和瑞瑞爸爸答应星期天带他去动物园玩。但星期天那天，瑞瑞爸爸被领导安排要到外地出差，而我也因为朋友家的孩子考学，让我跟着接待宾客。由于我们两个人星期天都没有时间，陪瑞瑞去动物园的事情就搁浅了，这让瑞瑞非常不高兴，发起了脾气，不仅不和我们说话，也不听我们的话。开始的时候我们并不知道他为什么跟我们生气，直到听到他嘴里一遍一遍地嘟囔"爸爸妈妈说话不算数"，我们才知道小家伙和我们耍起了脾气。

发脾气是孩子的一项权利，孩子的思想单纯，很少有无缘无故发脾气，无理取闹的情况发生。所以在孩子发脾气后，我们要尽量透过发脾气的现象，探求孩子发脾气的原因，和孩子心灵互动，让孩子学会和找到发泄情绪的其他办法，孩子发脾气的次数就会越来越少。

泽泽的妈妈就是这方面的高手。现在的大多数独生子女，被家里好几代人捧大，都有随便发脾气的坏习惯。有一次，泽泽又因为舅舅家的小妹妹玩他的玩具发起了脾气，不仅把玩具藏了起来，还大喊着让舅舅带着小妹妹回家。对泽泽没礼貌的表现，泽泽妈很生气。不过，她没有骂泽泽，而是轻轻地问泽泽："你现在是不是心里非常不舒服？妈妈也是，可是小妹妹是客人，你不让她玩玩具，赶她回家，她也会不舒服，你说该怎么办呢？"泽泽这时候的情绪也慢慢地平复下来，然后懂事地说："那就把我的玩具给她玩吧。"妈妈又问："那我的宝贝儿不舒服，妈妈也难过，要么妈妈给你想个办法吧。"泽泽妈妈拿过一张纸和一支铅笔，告诉泽泽，自己小时候，一难过就在纸上画画，画完心里就会很舒服，让泽泽也试一下，就这样泽泽似懂非懂地拿起了笔。从此以后泽泽只要不痛快，就拿着笔找来纸画画，发脾气的次数也越来越少了。

正确的疏导，把孩子从生气的事情上转过去，分散他的注意力，孩子就会少发脾气。我们要做的就是及时发现孩子的情绪，及时疏导，春风化雨，把孩子发脾气的火苗控制在萌芽之中，孩子就会远离脾气这个"暴君"。

可是事实上，大多数的父母都很少有耐心地对孩子进行疏导，发现孩子发脾气，父母的第一反应是非常生气，认为孩子是无理取闹，之后就会冲孩子大发雷霆，达到震慑孩子的目的。可是以暴制暴永远不是让孩子不发脾气的理由和好办法，这只会让孩子的脾气越来越暴躁。

管教在左，呵护在右。虽然发脾气是孩子的权利，但是孩子没有节制地乱发脾气，却是百害而无一益的事情。父母要允许孩子表达自己的情绪，允许孩子发脾气，但要禁止孩子肆无忌惮地乱发脾气。

孩子虽然小，但是许多事情只要你和他讲明白为什么要这样做，孩子还是很讲道理的。想要做什么事情的时候，先和孩子商量一下，讲讲道理，孩子也喜欢被重视和尊重，当他觉察到你是在和他"商量"时，一般情况下，所"商量"之事都能达成一致。前文中，如果吴女士在把玩具拿给小朋友玩之前，事先和栋栋商量一下，一定不会出现栋栋胡闹的尴尬场面，没准栋栋还会大方地把其他玩具找出来给小男孩玩呢。

像大人一样，孩子的脾气也有一个引爆点，和孩子相处的时候，尽量避开这个引爆点，拿丁丁来说，爸爸妈妈就是他脾气的引爆点，爸爸妈妈不在家那两年，只要是提到爸爸妈妈他就乱发脾气，此时可以等孩子心态平和的时候，向他讲述爸爸妈妈离开的原因，或者爸爸妈妈回来时，再郑重地跟他说明原因。这样一来，见到爸爸妈妈的喜悦一定会高过丁丁心中对爸妈的不满。

孩子发脾气都是有原因的，多和孩子交流，多耐心地听听孩子的想法，用理解和爱的力量，一定能把孩子拉出坏脾气的漩涡。

2　谁纵容了蛮横的孩子

　　小区的广场上，一男一女两个小朋友在玩一辆玩具车，可是不知怎么回事，小男孩突然伸出手来推了小女孩一把。小女孩也不甘示弱，重重地推了小男孩一下，可能小女孩的力量比较大，小男孩一下子摔倒在地上哇哇大哭起来。孩子的哭声分别引来了不远处正在聊天的父母。其中小男孩的父母，还没等小女孩说话就指着小女孩说："一定是你先打我们家孩子的吧？不然他怎么哭了？"小女孩马上反驳："不对，是他先推我的。"小男孩的父母愤愤地说："那也是你惹着他了。"说完领着小男孩头也不回地走了。更可气的是，被拉走的那个小

44

男孩，边走还边回头冲小女孩做了一个大鬼脸，这一举动气得
小女孩的父母愤愤地小声嘀咕：怪不得小孩蛮横不讲理，这是
什么素质啊。

　　这不是杜撰的画面，而是生活中常见的场景。生活中经常
看到这样的父母，明明是自己孩子做了错事，却百般祖护，硬
生生地给孩子的行为找理由，表面上是维护了孩子，实则给孩
子找了一个蛮横下去的理由。

　　在我教学的过程中，也经常遇到这样的父母。为了加
强教学效果，我们幼儿园给每个班配备了电子白板。电子白
板能看动画片，能找教学资料，还能画图做图片，简直就是
一个放大版的电脑。为了减少开关机的损耗，幼儿园要求我
们早上上班的时候，把电子白板打开，晚上下班的时候再关
上，一般下课的时候就设置成待机状态。有一天课间，我还
没来得及拉上电子白板的保护黑板，5岁的峰峰就冲了过来，
用手在电子白板上一通乱点，结果电子白板因为操作过于频
繁，死机了。正当我批评他不能随便动电子白板时，班上的
其他小朋友争先恐后地告诉我，我不在班里的时候，峰峰经
常乱动电子白板。孩子们一说我才明白，为什么我的电子白

板经常卡住不好用。放学时峰峰妈妈来接孩子的时候，我把峰峰乱动电子白板的事告诉了峰峰妈妈，我没有别的意思，只是想让她回家的时候告诉一下孩子不能随便动老师或者幼儿园里的东西。谁知道我还没对她说完事情的经过，峰峰妈妈就抢着说："我们峰峰在家的时候就非常喜欢电脑，看见就抢着玩，没有办法，要不老师你上课的时候就少开电脑，或者不用了就关上。"

听了她的话，我终于知道为什么峰峰在幼儿园里是那样随便，永远都那样的肆无忌惮。有这样一个纵容的妈妈，孩子不蛮横才叫奇怪呢。

事情还没完。这件事过后没两天，峰峰又偷偷动电子白板，被我发现后，峰峰大声对我说："我就想玩电脑，你快让我玩电脑。"那副蛮横的样子，和她妈妈说他就喜欢玩电脑那天如出一辙。

峰峰是我们班最让我头痛的一个孩子，不是动了小女孩的小辫子，就是抢了小男孩的皮球，每天无时无刻不进行着"破坏活动"，没有一刻让我放心，而更让我无法接受的是，每次批评他，他总能找出一大堆理由来搪塞，好像自己永远都没有做错事情。有时候我在想，如果他的父母不给他犯错找那样多的理由，峰峰会不会好管教些。

网络上曾传出一个扎心的视频：一个奶奶带着小孙子到餐馆吃牛肉面。每次奶奶都把自己碗里的牛肉夹到小孙子的碗中。面馆小，需要自己取面。这天奶奶取面的时候，在窗口直接把自己碗里的肉夹到了小孙子的碗里，端到餐桌上的时候，小孙子的碗里覆盖了不少肉，可奶奶的碗里却只有白花花的面，但是小孙子并没有看奶奶碗里有没有肉，而是直接问奶奶为什么这次没把碗里的肉给自己。奶奶解释自己在窗口的时候，已经把肉放到孙子的碗里了，小孙子不信，不仅用筷子到奶奶的碗里翻肉，还把奶奶的面碗和自己的面碗都扫到了地上，然后还大声谩骂奶奶，最后店老板看不下去，赶走了两个人。

看视频的人都在指责小孙子蛮横，但是反过来想一想，在公共场所能有这样的举动，证明这个孩子在家也是一个说一不二的小皇帝。是谁铸成小男孩蛮横的？自然是奶奶和其家人。而奶奶在孩子撒泼咒骂的时候，没还一言，不仅如此，当有的人指责孩子时，奶奶还连连解释是孩子小不懂事。正是奶奶给小男孩找的借口，孩子才可以这样猖狂肆无忌惮。自家的孩子谁都爱，但是，只溺爱却舍不得管教，实在是太不应该了。惯子杀子，纵容的最后结果就是孩子肆无忌惮，无法无天，成为一个真正的小霸王。

幼儿阶段的孩子，对事物还没有太明晰的分辨能力，有时候父母一个错误的暗示，也会被孩子们当成正确的"宝典"。电影《十兄弟》中，有一个经典的场景，兄弟中的几个人被恶人收养，他们被关在笼子里，吃狗食。恶人告诉他们朝人吐口水、打人是爱别人。所以当他们第一次看见妈妈和哥哥们时，不仅恶言恶语咒骂他们，还朝他们身上吐口水。其实他们是想表达对妈妈的思念和爱，却用了错误的方式，这就是因为他们被错误地教导了。

给孩子的犯错行为找理由、找借口，这也是用错误的方式教导孩子。孩子被错误的方式误导的结果是，孩子可能变成一个人见人烦的"熊孩子"。

爱孩子是每个父母的本性，舍不得孩子受委屈，但是爱孩子一定要有度，总给孩子找合理的托词，就是变相肯定了孩子的错误做法，让孩子做错事之后还理直气壮。姑息纵容，帮孩

子分辨，为孩子的过错找理由等，这都是在有意无意地向孩子

传达一个信号：你做的是对的，我支持你。可惜，这个信号是

错误的。

3 坏脾气都是父母惯出来的

"对不起宝贝儿，妈妈来晚了，妈妈答应你明天早点儿来，好不好？""不好。"

幼儿园的一间教室里，一个来晚了的妈妈正在跟孩子道歉。这本是一个和谐的亲子画面，可是不一会儿却画风大变，还没等妈妈说完，孩子就粗暴地打断了妈妈，"你都来晚了，你是个坏妈妈。"孩子一边说，一边生气地捶打着妈妈。

这是发生在我们班放学时候的一个插曲。发脾气的孩子叫于于，一个脾气暴躁的小男孩。在班里，他是脾气最大的孩子，这自然也不是他第一次乱发脾气。

我们这学期是学前班，为了让孩子适应将来的小学生活，特意安排了写字课。可是这个孩子，写字课上不是撕本子就是四处乱画，有时候还用铅笔画别的小朋友的本子，让小朋友无法写字。有一次我实在看不过去，狠狠地批评了他，谁知道他竟然把手中的本子撕得粉碎，最后还不顾我的劝阻把本子扔在了水桶里。

还有一次，课堂上举手提问环节，因为我叫了别的小朋友回答问题，他不仅一下子把书桌推翻了，还在教室里大吵大闹，不让其他的小朋友们上课，结果那一节课都用在了安抚他的情绪了上。可以这样说，我能回忆起的他的每一项往事，都可以为他贴上"坏脾气"的标签。

可是更让我奇怪的是他们家人对孩子犯了错误以后的态度，孩子胡闹这么多次，他们夫妻俩从来没对孩子发过脾气或者批评过。

有一次，因为隔壁桌的小朋友不给他好看的橡皮，他又大闹课堂，推翻了桌子不说，还跑出教室，躲在走廊的门后面不肯出来。我实在没有办法，只好给他的爸爸打电话。而他的爸爸在听到了事情的原委后来到学校，做出的第一件事，竟然是出去买了和那个小朋友一模一样的橡皮来交给了于于。全程没有一句指责和告诫。而另一次他爸爸处理孩子问题的做法更是让我大跌眼镜。那次同样是发生在写字课上，事情的起因还是因为写字，那天学的那个字稍微难写一些，他写了几个没写好，就拿着铅笔画本子，怎么劝也不听。知道父母对孩子的期望都很大，我找来新本子，手把手教他写了几遍，同时也把孩子画过的本子装进了孩子的书包里，想让于于带回家给他爸爸看看，并在家里督促一下孩子，谁知道，他爸爸为他整理书包的时候，看到画过的本子，然后很平静地把本子扔进了垃圾桶里，并且告诉我说以后孩子画过的本子直接扔掉就可以了。这让我实在想不明白，他爸爸到底是依从什么样的教育原则。直到一次联谊会，他爸爸亲口给了我谜底，他爸爸说，他不是纵容孩子，而是从尊重孩子的角度出发。因为他听到一个观点，小时候被尊重的孩子，长大了才能更加自信和阳光。他想培养一个阳光的宝贝。

我倒吸了一口冷气，他这种教养方式，是绝对培养不出阳光宝贝的。孩子脾气坏有很多原因，但是父母的视而不见和纵容绝对是助长孩子脾气暴躁的催化剂。

　　著名演员刘涛在一次访谈节目中说，孩子一定要让他从小有规矩，家里一定要有一个能管得住他的人，不然孩子将来非常难管教。

　　这句话非常有道理。我的儿子瑞瑞小时候脾气就非常坏。一次他小表弟熊熊来做客，两个人吵着要到动物园去玩。我刚好有时间，同意了，并且应他们的要求，先带着他们买一样玩具。男孩子都喜欢枪，在玩具商店，两个人同时相中了一把黑色的、画着光头强的玩具枪。可是不巧的是，黑色的只有一把了，另一把是棕色的，小表弟熊熊先拿到了那把黑色的玩具枪，而且本着熊熊是客人的角度，我让瑞瑞拿那把棕色的，谁知瑞瑞非但不同意，还赌气一个人走了。我追上去，告诉他，因为他的脾气太暴躁了，我决定结束他的这场出行，只带着熊熊去动物园。说完，我把他带回了家，向瑞瑞爸爸说明了原委，然后带着熊熊一个人出门了。回来的时候，瑞瑞告诉我他不应该乱发脾气，而且还保证以后再也不乱发脾气了。从此以后，瑞瑞真的很少无理取闹地乱发过脾气。那个暴躁的小孩，经过一次痛苦的"调教"，懂得收敛了。

　　没规矩不成方圆，孩子需要尊重，但是更需要有一把尺子去规范，不然依着孩子的性子野蛮生长，孩子只能变成无法无天的小霸王。就拿于于的事情来说，妈妈晚接了几分钟，根本不是什么大的错事，孩子却不依不饶，显然是被惯坏了。

没有人希望自己有一个坏脾气的孩子，但是对孩子的娇宠和溺爱，这就有意无意地把孩子推向了坏脾气的快车道。解铃还须系铃人，要想让孩子从这条车道上抽离，最有效的办法就是尽快把娇惯和顺从从孩子的生活中剥离出来。

4 "小"不是让别的孩子谦让的理由

为了加强与父母的沟通，让父母充分参与到孩子的教育中来，我们幼儿园每年都要举行家校联谊会。会上，不仅有丰富的游戏活动，还有小朋友们的才艺展示，非常精彩。本着让每个孩子都有展示机会的原则，一般情况下，一个孩子只能参加两个节目的表演。由于教室的空间小，每次只能排演一个节目。为了让另一部分没参加表演的孩子不至于被冷落，我让他们坐在下面当观众，负责喝彩和鼓掌。

这天，我正聚精会神地带着几个小朋友排演新编的舞蹈《社会摇》，突然传出一声哭声。寻着声音找去，我发现是新来的琪琪小朋友在哭，急忙跑过去问她怎么了。

琪琪看见我问她，就哭得更凶了。在她满是哭腔的话语里，我听出了她哭泣的答案：她也想参加这个舞蹈表演。可是，她已经参加了两个节目的表演，按照规定，是不能再参加其他节目的表演了。我耐心地把这个情况告诉了她，并且还告诉她，我们不仅要勇于展示自己，也要把展示的机会留给别人，让别人的爸爸妈妈也能看见她们宝贝儿的精彩表演。琪琪懂事地点点头，并告诉我，她会使劲地给别的小朋友鼓掌。

我本来以为事情到这里就告一段落了，这本来就是彩排过程中的一个小插曲，谁知道事情远没有结束，这仅仅算个开始。

当晚吃过晚饭，我的手机突然响了。来电话的人是琪琪的妈妈。她在电话里先是问我联谊会的事，之后话锋一转，问我为什么不让琪琪参加《社会摇》这个节目。我向她解释，班里的节目有限，而且要给每个孩子提供展示的机会，如果每个节目琪琪都参加，不仅减少了其他小朋友展示的机会，对其他小朋友也不公平。我以为这样说完，琪琪妈妈一定会理解，谁知道我刚说完，琪琪妈妈就不高兴了，她生气地质问我："琪琪年龄小，就不能通融一下吗？琪琪以前上的那个幼儿园，老师就是看着琪琪小，什么都让着她的。"面对琪琪妈妈的言辞，我实在有些无语。琪琪和班里的小朋友同龄，她妈妈所谓的小就是琪琪的生日在十月份，相对的比前半年出生的孩子要小一些。可是，这点差距根本看不出多少的差异来，小自何来。而且年龄小就应该被让着、被关照着，这又是什么教育逻辑。年龄小，才更应该在孩子心里种上一颗公平的种子。

我的邻居芳姐生了一对双胞胎儿子，怕小两口照顾不过来，婆婆就从乡下来帮忙照料。婆婆是有着传统观念的人，认为大的一定要让着小的，什么事情总要求哥哥让着弟弟。早出生一分钟的哥哥享受着和弟弟冰火两重天的待遇。而且在婆婆的"小的应该被让着"的教养方式下，哥哥性格大方，什么事情都能想着弟弟，而弟弟，却任性自私，什么东西都不愿意和哥哥分享，还总是盛气凌人地欺负哥哥。有一次兄弟俩因为争抢一个玩具打了起来，婆婆不问青红皂白，责怪哥哥不懂得让着弟弟，不仅到商店又给弟弟重新买了一个，而且等到芳姐回来的时候，还向芳姐告了哥哥一状。了解了事情的原委，芳姐很是恼火，她和婆婆提意见，两个孩子几乎是一起出生的，根本没有大和小的区别，不应该娇惯小儿子。婆婆表面上答应了，可心理上总是不能接受，依旧娇惯弟弟。现在，弟弟已经上了幼儿园，他不仅在家中是小霸王，在幼儿园里也淘气蛮横，不听管束，经常打小朋友，而且还一副"我小你们就应该让着我的态势"。

有一次，幼儿园里分加餐水果，本来小朋友要乖乖地坐在椅子上等着我分的，谁知道我刚把水果端过来，他就跑了上来，挑了一个相对大的。我马上批评了他，谁知道他给了我一个哭笑不得的答案：在家的时候，都是我吃最大的。

每个孩子都有恃宠而骄的天性，一旦让他感觉周围人都娇惯自己，他就会变得肆无忌惮。因为二胎政策放开，我们班有很多二胎宝，这些孩子大多都有"为我独尊"的坏毛病。

幼年生活是人生生活中一个重要的组成部分，往往决定着一个人的性格和人生。而因为"小"，就给他种下一粒"我小，必须照顾我"的种子，这样就会把孩子推向自私和任性的城堡。英国儿童教育研究专家通过长时间的调查研究分析得出结论：小时候被过度呵护、关照的孩子，长大后不仅自私任性，还容易养成唯我独尊的性格。如果从小给孩子披上庇护的外衣，无法无天就是他给自己设定的行动准则。无论什么时候，娇惯永远养不出优秀的孩子。

曾经发生在我们班的两个孩子之间的好玩的对话，是因为玩玩具引起的。班里新买了很多有趣的玩具，游戏时间，一个孩子首先拿到了一个光头强玩具，另一个孩子也想玩这个玩具，于是与第一个孩子争抢，抢不过，这个孩子就盛气凌人地冲第一个孩子大声喊："我小，你要把玩具让给我。"第一个孩子不甘示弱地回了一句："你小就让着你啊，不知羞。"

相信大家都听过《妈妈吃鱼》的故事，因为家庭条件的限制和爱家人，每次吃鱼的时候，妈妈都只吃鱼头。有一次姥姥来家里做客，当姥姥给妈妈夹了一块鱼肉时，孩子大声地告诉姥姥，妈妈只吃鱼头。孩子都有一种惯性，每一次给孩子提供的屏障和堡垒，都会被孩子认为是理所当然。

无论是在幼儿园还是在家里，每个孩子都是小孩子，都需要呵护和关照，虽然谦让小朋友是一种美德，但是武断地认为小一点儿的孩子必须被"让着"，这就像一种道德绑架，容易在孩子小小的思维里种下一颗"必须让着我"的种子，让他认为被"让着"是天经地义。久而久之就会形成唯我独尊，霸道任性的性格。

5　根本没有静待花开

　　尊重孩子，让孩子一点一点成长。是这两年教育专家给我们的训诫，说孩子的童年仅有一次，而这唯一的童年是要留给快乐的，所以请尊重孩子，相信孩子，善待孩子，于是有了这样一句经典的言辞：请耐心等待，总有一天孩子会长成你期许的样子。真的是这样吗？

　　我们班里有一个孩子，出奇的淘气，他可以把别人的橡皮抠成小块，可以用水彩笔在别的孩子衣服上画山水画，可以用小手攀上教室的窗台，还可以在上课的时候说走就走，说跑就跑。

作为老师，我一方面告诫约束，另一方面知会父母在家里要加以引导，但其父母给我的回答却是："我们家的孩子还小，等他长大了自然就好了。"

大了自己就会好的。对于这个回答，我听出了关于教育另一个美好的语句：我不需要揠苗助长，我只相信静待花开。"静待花开，让孩子自己成长"是近几年育儿领域常挂在嘴边的话题。提出这种观点的人认为，人之初，性本善，孩子本来是天地间最美的精灵，只要给他时间，他就会自己成长，并且人类天生便有向美的天性，孩子会吸收天地之灵气，长成最美的样子。

现实却并非如此。孩子是天地的精灵，也是懵懂的天使，靠大人的引领和认知来感受世界。近朱者赤近墨者黑，给他鲜花，他才能绽放鲜艳的花朵。

我的大学同学小萱是个信奉"静待花开"的达人。她说一定不要给自己的孩子任何干涉，要让孩子自由成长。所以从孩子出生那天起，她就把孩子送到了姥姥姥爷那里，别人疯狂地教孩子简单的规矩、礼仪，送兴趣班，她的孩子还长在姥姥家的院子里。3岁时回来上幼儿园，不仅什么规则常识都不知道，隔代老人的溺爱，使孩子连基本的生活习惯都没有养成，在幼儿园里，看到同龄的小朋友懂的会的都比自己的孩子多，小萱非常后悔她的静候模式。不浇水，花不会开。不教孩子，孩子也不会明白道理。

有一句话说得好：你现在对孩子的放纵，将来或许都是对他的伤害。孩子不是自然界里的一株小草，放在原野里，只要有了时间就可以茁壮成长。孩子的成长需要教导和指引。

邻居家有一个非常厉害的小男孩，小小年纪就能煮出香喷喷的米饭，能把自己的房间打扫得干干净净，爸爸妈妈不在家的时候能把家照管得很好，是我们邻里眼中的小男子汉。可是这个小男子汉是天然养成的吗？当然不是。为了培养他自理的能力，才一岁半妈妈就让他自己学着穿脱衣服，穿脱鞋子。记得当时经常闹过穿反裤子，穿反鞋子，扣错纽扣的笑话。每次他的妈妈都耐心地一次次示范，一次次纠正。记不清经过多少次失败，他终于可以歪歪扭扭系上扣子，可以踢里踏拉提上鞋子了。而在培养他懂礼仪上，爸爸妈妈不仅经常带他参加家庭聚会和外出，还潜移默化地引导，在家里每个人都客气地使用"请""谢谢""对不起"等礼貌用语，这使得他现在成了一个小暖男，知道爸爸妈妈的生日日期，还可以在家里来客人的时候大方招待。因此，他上幼儿园的时候，俨然是一个什么都懂的小大人了。幼儿园是培养自己动手的乐园，在这里他的能力得到进一步提升。而做饭菜则是妈妈教给的技能。

我还记得每次遇到他们时的情景，上学放学的路上，他妈妈牵着他的手散步，跟随欢快步子流动的是妈妈软糯糯的嗓音。妈妈一边走一边讲故事，那些孩子该知道的道理，随着妈妈软糯糯的嗓音，都飘进了他的心里。虽然他妈妈谦虚地说，这孩子天生就是省心的孩子，带他到大真的没怎么费力。可是作为搞教育的人，我深深地明白，这个孩子不是自己就长成了这般可爱模样的，他的成长离不开他妈妈的谆谆教诲。

孩子就是一棵小树，在自然界中成长，会遇到风，也会遇到雨，更会遇到各种各样的状况。所以，在孩子成长的路上，需要一把斧头，帮助孩子砍掉坏习惯，孩子才能长成参天大树。养育孩子，就要付出心力。

我姨家的妹妹，也是信奉"静待花开"的高手。孩子3岁了，到懂得礼仪，学规矩的年龄了，而她教育和亲近孩子的方式就是任其放任。她说这是为了让孩子自己长。

孩子有了她这个特赦令，什么都无所顾忌，几乎是想怎么样就怎么样。有一次外出坐电梯的时候，孩子用手推了站在前面一个穿高跟鞋的女孩，害得女孩差点儿跌倒滚下电梯。现在大了些，更成了她最头痛的一件事，打人，在公共场所大喊大叫，每次带孩子外出都尴尬得不行。自己长和成长根本就不是一个概念。小草自己长，放眼望去是满园的荒芜，而被修剪着成长的树木，最终都长成了参天大树。

记得当初我心急火燎地劝妹妹该好好规范一下孩子的行为时，妹妹轻轻一笑说："孩子大了自然就什么都懂了。"

那时候她真的很潇洒，可以安心地坐在电脑前玩游戏，可以踏实地坐在麻将桌前吞云吐雾，可以拿着手机一遍遍刷着淘宝。养育一个孩子，她活得肆意又潇洒，省心又省力，只是真的没静待花开这回事，她的孩子在幼儿园里不停地闯祸，她不止一次被请到幼儿园去，每一次回来都一脸难过，才想到问我："孩子到底什么时候能长大懂事啊？"我告诉她，一点点来，但是如果你还这样不作为，我没有办法给出准确的答案，因为世上本就没有不劳而获的丰收，没有为孩子的成长付出过，是不可能迎来孩子的静待花开。

儿童心理学中说，幼儿期是孩子最重要的成长期，这个阶段的幼儿，正在探索世界，只有正确地加以引导，才能让孩子找到成长的方向。

第 **3** 章

别让妥协成为孩子
挑战你的软肋

制定计划和遵守规矩这件事，大人和孩子之间就像进行

着一场拉锯战，你只要稍稍示弱，孩子就会一往无前地

冲上来。教育孩子一定要保留自己的底线，一味地妥协

只能成为孩子挑战你的软肋。

1 不要小看孩子偷懒的情商

参加一个家庭教育讲座。授课老师分享了她家宝贝儿的一个故事。老师有一个漂亮的女儿朵朵，为了锻炼孩子，每次外出讲座，只要时间允许老师就带着女儿参加。这当然不仅仅是跟着玩玩，为了达到锻炼的目的，老师每次都要求女儿准备一个小节目。开始的时候，女儿准备的都是好听的故事，后来次数多了，女儿不再准备故事，而是朗诵短小的诗歌。有一次她好奇地问女儿："是不是觉得自己长大了，诗歌的难度高一些，故事太幼稚了？"谁知道女儿摇着头坏笑着说："不是，是因为诗歌不仅短，还可以照着念，故事需要背，累。"老师分享完故事，慨叹道："懒是所有孩子的通病。"

　　这让我想起一件事来。儿子刚学会走路的时候，我每天都带着他到楼下散步，当时是春天，在屋子里待了一个冬天，街上就像儿子的另一个世界，他非常高兴，跑着跳着，玩得意犹未尽。有一天，我母亲来到我们家小住。饭后我们一同下楼散步，母亲怕累到孩子，没走几步就停下来问孩子累不累。散步的路上有一段是石子路，有些凸凹不平，走到那儿的时候母亲干脆把儿子抱了起来，等走过了这段路再把儿子放下来。可来来去去走了几天，再把儿子放下来的时候，事情发生变化了，儿子赖在母亲的身上不肯下来，还奶声奶气地说自己走不动了，让姥姥多抱一会儿。而且从吵着不下来那天之后，只要和母亲出去散步，刚走没几步，儿子就张着小手要母亲抱。母亲笑着对我说："看看，孩子都知道偷懒了。"

　　其实不是孩子知道偷懒，是人都有一种向舒适性，总是试图在找省力的方法解决问题，儿子发现被抱着省力，就吵着要抱了。

　　一个同事给我讲了另一个小孩子偷懒的故事。同事教中班，他们班有一个小男孩，因为家离幼儿园比较近，所以每次

69

都是妈妈领着走路上学放学。有一天孩子在课堂上突然肚子疼，老师急忙给妈妈打电话，不巧的是妈妈去了超市赶不过来，就让爸爸开车过来把孩子接回去。谁知第二天下午，这个孩子又嚷着肚子疼，爸爸又把孩子接了回去。没想到这之后隔三岔五孩子就嚷着肚子疼，并且狡黠地吵着同事给爸爸打电话。同事说，后来孩子爸爸反映，孩子只有第一次肚子疼是真的，后面几次都是假装的，因为孩子有一次告诉他喜欢他来接自己放学，这样可以不用走路了。

在偷懒的问题上，孩子的情商都是很高的。可是，虽然孩子有这样高的偷懒情商，可我们还是无法忘记，每天在我们身边活力四射，搅得我们没有一点儿休息时间的还是这些孩子们，他们就像永远不知道疲倦的精灵，身体里永远洋溢着一股释放不尽的活力，哪有一点儿懒惰的影子呢？其实，这才是孩子真正的天性，孩子们天生不是懒惰的，而是勤奋的。可是除了淘气的时候活力四射，我们经常看到的孩子又是这个样子的：不少已经三四岁的孩子，什么事情都要别人来帮忙，遇到难题马上显得特别无助，要放弃，甚至一副懒洋洋，对什么都没兴趣的样子，成了一个个"懒孩子"。

森森是一个5岁的小男孩，每天放学的时候，别的孩子都急着背书包，而他顺手把书包塞到接他放学的妈妈或者奶奶手里，从来都不自己拿，回到家里也是一样，脚一伸等着妈妈帮忙换鞋子，胳膊一伸等着妈妈给换衣服。

森森妈妈曾经和我分享了一件森森在家里的"懒事"。有一次家里来客人了，因为早晨急着准备早饭，森森妈妈让森森自己穿衣服、洗脸，结果直到吃早饭她才发现森森不仅没有穿好衣服，脸也没有洗。她生气地质问森森为什么不洗脸，森森竟然回答：自己照了镜子，脸很干净。

森森妈妈又生气又好笑，和我说："这个孩子都懒到什么样子了，没有人帮忙，脸都不洗。"听了森森妈妈的故事，我暗自笑笑，森森这算得了什么呢，还有比森森更懒的孩子呢。我听说一个孩子，上完幼儿园的时候回到家里，妈妈就让他躺在床上帮他把外裤脱下来，现在孩子已经上初中二年级了，回到家里还是往床上一躺，等着妈妈给他把外裤脱下来，和森森一比，简直懒上一筹了。

有一次，我奇怪地问森森："你为什么什么都等着妈妈帮你呢？"森森瞪着大眼睛说："因为我不会啊，妈妈会。"我又问："那妈妈没教过你吗？"森森摇了摇头。

我恍然明白孩子变懒的原因，父母懒得教，孩子懒得学。生活中遇到太多这样的父母，担心孩子不会做，害怕孩子做不好，所以就什么事情都帮助孩子做，时间长了，自然让孩子养成了懒于动手的习惯。

的确，再聪慧的孩子刚开始学穿衣、扣纽扣等事情时都会非常慢，有时候会慢得我们恨不得伸手帮助他一下子做好。可是，我们帮他们做好了，孩子们学会了吗？当然没有，不仅没有，还养成了"偷懒"的习惯，事事等着父母帮忙。

每天放学，尤其是冬天放学的时候，我所教的班级里面，场面尤为壮观，父母们忙着给孩子穿棉衣、戴手套、帽子、整理书包。有的孩子自己拿起了帽子手套，也被爸爸妈妈抢过来帮着戴上。这些父母走过我身边的时候，总要无奈地说上一句："这孩子，什么都不会。"这时候有的孩子就嘟囔着回嘴："你不是帮我了吗？"

这一句回答把一切都变得理所当然。孩子有偷懒的心思，而我们的过度呵护又把孩子们真正的变懒了。曾经有一个妈妈问我，怎么让她的孩子快点儿长大懂事？我告诉她，把孩子动手的权利还给他。

想要孩子不变成懒孩子，就要放下我们的保护欲望，让孩子自己动手去尝试。3～5岁的幼儿，正好进入了探索敏感期，处在这个时期的他们，对什么都有强烈的探索欲望，我们恰当地鼓励他们，给他们锻炼的机会，不仅能让孩子摆脱成为"懒孩子"的魔咒，还能提高孩子的信心，让他们变得更开朗、活泼、自信。

2　有了再一，一定有再二

　　早上，还没等上班，我就接到蕊蕊妈妈的求救电话，蕊蕊今天不想去幼儿园，蕊蕊妈妈让我帮忙劝一下。

　　电话里每一句都能听出蕊蕊妈妈的急切，我自然明白蕊蕊妈妈急切的原因，下学期蕊蕊该上一年级了，她害怕蕊蕊养成这样的习惯，影响上小学。

　　她的担心完全不是多余的，生活中看到不少这样的事情，孩子吵着闹着不愿去幼儿园，到后来对上小学都有了抵触，不肯走进学校的大门，学习情况可想而知。

　　但是，从一般的意义上讲，大多数孩子都喜欢去幼儿园，幼儿园里有小朋友一起玩，是家里多少玩具没法比拟的，孩子不去幼儿园一定有她自己的理由。

成功地把蕊蕊说服了同意背上书包来幼儿园，我决定探问一下蕊蕊不想去幼儿园的原因，谁知道我的话音刚落，蕊蕊妈妈就给出了一个让我惊讶的答案：一到下雨天蕊蕊就不想去幼儿园。

这个说法简直太奇怪了，下雨就不想上幼儿园了，一个几岁的孩子怎么能有这样的心思呢？事情一定不像蕊蕊妈妈说的那样简单。果然在我的一再追问下，蕊蕊妈妈向我说出了事情的原委。原来，蕊蕊刚上幼儿园的时候，还不到3岁，由于心疼女儿这么小就到处奔波，一到下雨的时候，蕊蕊妈妈就不送女儿去幼儿园。没想到蕊蕊竟然养成了这样一个习惯，只要下雨或者下雪，蕊蕊就吵闹着不想去幼儿园。

听着蕊蕊妈妈的述说，我想起来了，蕊蕊是经常不来幼儿园，尤其是下雨天，几乎没怎么见过蕊蕊。看来这次也是这个情况，只是现在今时不同往日，蕊蕊马上就要读一年级了，天一下雨就不想幼儿园，将来也会影响孩子上小学的，所以蕊蕊妈妈才想到向我"求救"。

看着急切的蕊蕊妈妈，我无奈地告诉她，正是她一到下雨就不送蕊蕊去幼儿园的做法，让蕊蕊形成了一个错误的认知，只要是下雨天，我就可以不去幼儿园了。虽然在幼儿园里每天都有小朋友们陪着玩，但是幼儿园里的那些规矩，也让孩子感到束缚，相对的，他们更喜欢待在家里。如果他们知道下雨就可以不去幼儿园，他们一定非常高兴。不过不是每个幼儿都能有不上幼儿园的特权，蕊蕊妈妈无形中却给蕊蕊开了不去幼儿园的便利条件，蕊蕊才在下雨天和妈妈"叫板"不去幼儿园。孩子就是如此，一旦你对她敞开了放松的闸门，他们就会"得寸进尺"。

　　我的儿子瑞瑞喜欢玩电脑。因为为他的眼睛着想，我只在周末的时候让他玩半个小时。他非常听话，每次都能及时离开电脑。可是有一次事情出现了变化。那次，他玩一个打枪的游戏，到了关电脑的时间，可是此时正打到激烈的时候，小家伙向我求情晚一点儿关电脑。我一想也没什么关系，况且激战正酣的时候让他关掉电脑，对一个孩子来说的确很残忍，我想都没想就答应了他的要求。谁知道，这一次就像打开了一扇闸门，从此以后，他很少有主动关电脑的时候，每次让他关电脑，总是振振有词"再给我几分钟的时间，我打完这关"。可是，谁知道打完这关，还有下一关，游戏的无穷无尽，让他越来越不情愿离开电脑。有好几次，都是我忍无可忍强行关机，才把他拉离电脑。看着他哭得一塌糊涂的小脸，我一次次后悔对他开了"特赦"的闸门。

孩子都非常聪明，你的一次松口，都能被他抓住，成为打破规矩的利器。在他们的世界里，有了再一，就一定有再二。看似变本加厉的无理要求，只因为父母的一次妥协，就成了关不上的闸门。

孩子永远不记得他对你说了什么，却一定记得你对他承诺了什么，一旦你对他打开了缺口，他会一次次变本加厉。

我允许瑞瑞玩电脑就是这样进了他的"圈套"的。那时候，小区里几个和瑞瑞同龄的小朋友都会玩电脑游戏。瑞瑞眼馋得不行，追着我问自己什么时候可以玩电脑游戏。我头脑一热说："只要你表现好，放暑假的时候妈妈一天让你玩半小时的游戏。"过后，我把此话忘得一干二净。谁知道放暑假的第一天一大早，瑞瑞就坐在了电脑前，并且严肃地告诉我，是我答应他的，说出的话一定要算数。看着瑞瑞奸计得逞后的一脸坏笑，我都不知道他这两个月是怎么熬过来的。

为了玩这个电脑，瑞瑞和我软磨硬泡不少于百次。最初孩子对妈妈提要求的时候，总是以试探的方式，坚持自己的要求，只要妈妈的拒绝没有坚决到让孩子感到害怕或者绝望，他就会一直挑战妈妈。孩子在这方面，有着让人难以想象的坚韧力，他会坚持到妈妈答应他的要求。瑞瑞就是用了这个法宝，把自己的权益最大化的。

父母的"好说话"就是自己的软肋，一旦被孩子意识并抓住，父母再想要扭转局面就非常难。不想让孩子抓到自己的软肋，就要命令自己不要对孩子"好说话"。

意识到自己被瑞瑞"控制"之后，我想了很多办法改变自己在他心中"好说话"的形象。瑞瑞所上的幼儿园为了让孩子将来能适应小学的生活节奏，每天放学也会布置少量的作业，可这点儿作业却是瑞瑞最头疼的事情，每次都磨磨蹭蹭一拖再拖。我们家吃晚饭的时间比较晚，本来能晚饭前做完的作业他总能拖到晚饭后。有一次我严肃地告诉他，如果晚饭前不写完作业，就不能吃晚饭了。他哼哼哈哈地答应着，却依旧动作缓慢，到了晚饭的时间还有一大半的作业没有完成。可他似乎想到我不会对他怎么样，看到饭菜端上桌就立马坐到了餐桌前。我走过去拿开他面前的碗问他："我们是不是已经定好了，不写完作业不能吃饭？"他点了点头，却转过身来央求我："妈妈，我饿了，吃完饭再让我写吧，我保证，吃完饭一定好好写。""不行。"我马上冷下脸来，一下子把他从座位上拉起来："我们说过的话都要算数，今天你什么时候写完作业，什么时候才可以吃饭。"边说我边拉着他离开了餐桌。重新坐在书桌前，他马上拿起了笔，边写边说："真的是不写完作业一个饭粒也不让人吃啊。"可能这次把他从餐桌上拽走的方式太深刻了，第二天放学回来他早早地就把作业写完了。

在制定计划和养成规矩这件事情上，父母只要稍稍"示弱"一些，孩子就会一往无前的冲上来。所以和孩子一定不要太"好说话"。在孩子守规则、定规矩的原则问题上，父母要敢于说"不"。

在这一点上，影视明星马伊琍做得非常好。据说当初马伊琍的女儿爱马拒绝去幼儿园，一提到去幼儿园就哭闹得不行。幼儿园开学的第一天，爱马抱着马伊琍的大腿哭，请求马伊琍把她带回家，马伊琍却不顾女儿的哭闹，把女儿交给老师后转身就走开了。有人问马伊琍这样做对爱马会不会太残忍，马伊琍说："之所以这样坚决是让爱马知道妈妈的底线，必须做的事是没有商量余地的。"

不给孩子商量的余地，孩子便没有了变本加厉的筹码。儿童心理学家研究表明，如果孩子提出不合理的要求时，父母勇敢地说"不"，比迁就孩子更有影响力。我们设想一下，如果蕊蕊妈妈在蕊蕊刚上幼儿园的时候，没有让她随意不去幼儿园，在蕊蕊第一次找借口不想去幼儿园的时候，适当地阻止，就不会有蕊蕊下雨天不想去幼儿园的烦恼和忧虑。

向可爱的孩子说"不"，第一次会很难，甚至会引起一场"暴风雨"，但是雨过天晴之后，收获的远比期待的多。

3 做一个严父母多么重要

我儿子瑞瑞今年5岁。在怀他的时候,我就告诉自己,千万不要让他养成骄奢的坏毛病,我要的是一个小孩子,而不是一个小皇帝。可是,孩子出生之后,我发现自己的愿望是多么的奢侈,独生子女生出的第一个孩子,是两家捧在手心里的宝,不娇生惯养还真不容易。在母亲和婆婆两人的双重保护下,儿子瑞瑞一身娇气。娇气的表现形式有两种,一是娇滴滴的遇到事情就哭天抹泪;另一种是天下我最大,任性得不得了。瑞瑞先天体质好,性格也刚烈,他的娇气不是第一种情况,而是第二种,任性得要命,好像他是金口玉言,说什么就必须做什么。

　　一开始我就认识到了问题的严重性，疾言厉色地严加管制。可是，我这里管，爷爷奶奶放行那里，瞬间将我的管教消灭于无形。我向他们陈述其中的厉害，他们粲然一笑，孩子还小，大了懂事了就自然好了，甚至还向我传授了一条孩子成长规律的至理名言：七八岁的孩子狗都嫌，好孩子不用管，管死不成人，到该好的时候自然就好了。我就开始"静待花开"，盼着瑞瑞自己懂事。可是，小孩子长得怎么如此之慢，总也不见他有懂事的苗头，甚至现在他都到了学前班，可还是那副说一不二的性情，让我头痛加心痛。

　　一天我看到一档亲子节目。节目中的女嘉宾培养了一个6岁就能把自己管理得很好的省心孩子。这个孩子不仅可以把自己的学习生活打理好，还懂事地帮她买菜做饭，累了的时候帮她打水洗脚，这可真是让被"熊孩子"折磨的我羡慕嫉妒不已。主持人问她："都说小孩子是最难带的，你是怎样培养他的呢？"女嘉宾微微一笑，回答："我和孩子讲原则。"她进一步解释说，和孩子一旦定下某个规矩，就要执行，这样时间一长孩子就知道什么该做什么不该做了，如果只有规矩没有原则，规矩定得再多也只是摆设。

我听了脸开始红了，为了管教我家这个"熊孩子"，我也定了不少规矩，可是我却不太坚持原则，规矩形同虚设，导致孩子问题多多。

痛定思痛，我决定从瑞瑞的生活习惯开始入手。说来难以启齿，瑞瑞有一个他自己都不好意思提起的坏毛病——不愿意刷牙。尤其是晚上，更是用困了要睡觉的借口来躲避。我催过他几次，不过看他睡眼迷蒙，困得不得了的样子也就睁一眼闭一眼过去了，导致他已经忘了有睡觉之前刷牙这件事。而他的小牙自然没能幸免的有了龋齿。一天他牙疼得直哭，带他看完医生，我借力打力告诉他，这是晚上不刷牙的结果，还给他下了通牒，为了保护牙齿，晚上不刷牙就不许上床睡觉。谁知道规矩刚定完，因为白天带他去了游乐场，他玩累了，早早就爬到床上打起了呼噜。想着他牙痛时痛不欲生的样子，和一个个"破产"的规矩，还有主持人的话，我把他从床上拽了起来。以后又有几次偷懒的情况，都被我无一例外地强力执行，如此反复他也就不偷懒了，每次都是乖乖地刷完牙才去睡觉。

我这才知道，规矩好定，原则难守，只要父母坚持了原则，孩子也不是那样难以"对付"。

俞敏洪在一次讲座中也讲到了教养时坚持原则的重要性。俞敏洪说他自己是一个非常有原则的人，所以他教育孩子的时候就非常讲究原则。他的小儿子小时候非常喜欢吃冰激凌，并且没有节制，每天能吃四五个，以至于常常嚷嚷肚子疼。后来俞敏洪就和儿子定下规矩，一天只能吃一个冰激凌，而且是晚饭半个小时之后才可以吃。为了防止儿子偷吃，他坐在冰箱旁边挡住冰箱门，儿子看见拿不出来就开始软磨硬泡，一次次缠着问他什么时候才可以吃到冰激凌，最后连俞敏洪的太太也过来帮孩子求情，但俞敏洪没有为之所动，时间到了才给他拿出来。如此几次之后，儿子知道爸爸说话算数，再也不吵着多吃冰激凌了，不仅不吵着吃，还特别听俞敏洪的话，从来不和俞敏洪讨价还价。俞敏洪开玩笑地说，儿子知道讨价还价收买不了他。

相对于俞敏洪，俞敏洪的太太教养孩子的时候原则性就欠缺很多了。孩子每天晚上睡觉之前都需要洗脚是再正常不过的事，可是孩子有时候玩得太累了，没洗脚就躺在床上睡着了。俞太太心疼孩子，从来都舍不得叫醒他。以至于孩子很大了，晚上睡觉前要洗脚的事情都得俞太太提醒催促。更为奇怪的是，俞太太的话和命令，儿子极少积极配合执行，反倒愿意听"厉害的"俞敏洪的话。惹得俞敏洪又开玩笑地说，"孩子也喜欢讲原则的人"。

从儿童心理学上说，孩子喜欢讲原则的人是有一定道理的，3岁的幼儿就已经有了感知和分辨事物的能力，他们虽然还不太能准确判断出事物的对错，但是完全可以从你对事物的执行力度来评判自己该怎样做，而你的严厉要求在他那里已经形成了有效的记忆，所以只要你坚持原则，说到做到，孩子们还是挺愿意配合的。

我的同事岩岩就深谙严妈妈教育之道。为了培养儿子蚂蚱，在蚂蚱很小的时候，岩岩就在生活上、学习上给他定了好几项规矩，自然都是生活中必须遵守的生活习惯、礼仪，等等。如不能长时间看电视，自己的事情自己做，对客人要有礼貌等一些生活中需要懂得并遵守的规则。岩岩觉得，这些生活和学习习惯从小培养会更好。当然强行的说教和命令自然不能对一个几岁的孩子有多大的震慑作用，蚂蚱喜欢看动画片和玩拼图，岩岩就利用这点给蚂蚱定了相应的惩罚措施：如果蚂蚱不遵守他们的规定，不按"规则"办事，就没收他的拼图并不许他看动画片。开始的时候蚂蚱也哭闹着不配合，看到妈妈真的不"通融"也就乖乖地执行了。现在的蚂蚱彬彬有礼，像一个小绅士，不能不说是岩岩教育的功劳。更重要的是，蚂蚱身上有一种诚实守信的品质。这绝对是岩岩当初选择做一名严妈妈时没有想到的。

让岩岩更加没想到的是严格、讲原则的妈妈更能培养出自律的孩子。蚂蚱从3岁时起，起床、洗漱就不用人叮嘱了，再大一点儿竟然能简单地整理自己的房间，妈妈规定每天只准看一集动画片，看完了必须马上离开电视机。5岁的时候，岩岩送蚂蚱去学了电子琴，之后每天睡觉之前的半个小时就是蚂蚱的练琴时间，任何事情都不能打破这项规定；6岁的时候，岩岩又送蚂蚱去学英语，早上起床后的时间就成了蚂蚱的英语时间，雷打不动。对于只有几岁的蚂蚱，他自律得有些执拗，有些不食人间烟火。

其实这也很好理解。孩子3岁就进入了秩序的敏感期，这个时期的孩子表现得非常自我，但是只要他们认定了一项规矩秩序也会一丝不苟地执行。

自律是一种非常强大的自我管理，很多功成名就的人都有一个明显的特征，那就是自律性特别强。像岩岩一样对孩子严格管理，这样孩子渐渐就能由被动到主动对自己进行管理，久而久之，就变得非常自律。从小就知道自我约束，将来的人生之路也会走得不那么辛苦。

　　孩子没有多少自我约束的能力，孩子的自律都是建立在父母的严格要求上的。严格的父母更容易培养出好孩子，这一点很早以前就被儿童教育专家所证实。育儿专家经过多年的调查研究证明，在严格的家规中成长的孩子，更自律、更有助于品质的养成，长大后比那些随心所欲、行动自由的人更能适应社会，而且更有自尊心，也更懂得父母对他的爱。

　　著名主持人董卿，因为《中华诗词大会》这一档节目成了家喻户晓的人物，她的优雅从容是腹有诗书气自华的最完美的体现，而她在主持现场脱口而出的诗句，信手拈来的典故无不让人惊叹与佩服。其实，这一切除了董卿的自身聪慧，都得益于她父亲的严格教育。董卿曾在一期访谈节目中说，自己小时候特别恨父亲，因为父亲命令她背古诗词，并且规定她把读到的看到的古诗词全部抄写并且背诵下来，还要随时检查，她当时真是恨透了父亲，认为自己是世界上最不幸的孩子。现在，回过头来看自己成长的岁月，她由衷地感谢父亲，正是父亲的严格给她打下了深厚的文学功底，让她厚积薄发，做到了信手拈来的从容，让她成为今天最好的自己。

因为做幼教工作，经常有父母问我幼儿教育方面的问题。一天一个妈妈问我，她家的宝宝总是对她制定的规则不以为然，总是不遵守，到底是哪里出了问题？在知道了她每一次为了让孩子守规矩定了"惩罚"制度，但最终因为不忍心却很少付诸行动时，我给出我的答案和解决办法——坚决执行你的标准，做一个有原则的严妈妈。

4　每个妈妈都要有一条底线

为了了解孩子的小心思，我非常喜欢和小朋友聊天。一天，我问班里的小朋友铭铭："你在家里，喜欢听爸爸的话，还是喜欢听妈妈的话呢？"我这样问是有原因的，铭铭的妈妈不止一次和我说，不知道为什么，铭铭一直不喜欢听她的话，她为此很伤心，想让我帮她找出原因。孩子还不知道对老师说谎，所以我相信能从和铭铭的对话里找出我要的答案。

听见我问她，铭铭歪着小脑袋看了看我，说："老师，我不喜欢听妈妈的话，我喜欢听爸爸的话。"由于大多数孩子都是妈妈在照顾，一般情况下，出于信赖和崇拜，幼年的孩子都比较喜欢听妈妈的话，而她竟然说自己不喜欢听妈妈的话，真的有些让人不能理解。或许认为我不相信，铭铭调皮地趴在我耳朵边小声说："你知道为什么吗？因为我妈妈说话从来都不算数，我不怕她。"说完，笑嘻嘻地跑了出去。

妈妈说话不算数，还不喜欢妈妈，真是一个调皮的孩子。我把这个答案通过打电话告诉了铭铭妈妈，并且用严肃的口吻告诉她，孩子也喜欢说到做到的妈妈，以后答应孩子的话一定要做到，不然会给孩子留下一个说话不算数的负面印象，孩子也就会更加不喜欢听你的话了。谁知道我刚说完，铭铭妈妈在电话那端一头雾水地抛过来一句："我说话不算数？我答应她的事都做到了啊，这孩子净瞎说，忘了她磨我的时候了。"说完又叹了口气，向我讲了她和铭铭的故事。

不知道从什么时候开始，铭铭特别喜欢磨人，还学会了讨价还价，做什么事情都讲条件。比如，铭铭喜欢吃冰激凌，不喜欢弹琴，为了让铭铭每天能坐在琴凳上练琴，铭铭妈妈就用吃冰激凌来许诺，好好弹琴就可以吃到冰激凌。开始的时候，练完琴才能吃到冰激凌，后来被铭铭连要挟再带要赖，现在是弹完一首曲子就必须吃一个冰激凌。前些日子，铭铭生病住院，讨价还价的能力又增强了，每天吃饭的时候必须她喂，否则不吃。为了让铭铭快点儿好，铭铭妈妈明知道铭铭是在无理取闹，可还是妥协了，最终也是喂铭铭吃饭。说到最后，铭铭妈妈郁闷地说："本来想着让她听话和配合，我一次次降低要求，谁知道还落了一个说话不算数的名声，甚至这还成了不听话的理由？孩子的心思怎么这么难懂呢？"

铭铭妈妈这一句话问到了许多父母的心上，孩子难懂。像铭铭妈妈一样，现在有许多父母都读不懂孩子，他们不知道孩子那小小的心里到底装的是什么。

真的是孩子难懂吗？当然不是。孩子一直在聪明地观察世界，并寻求世界运行的准则。虽然他们一次次在父母的妥协中得到了想要的实惠，但是，在他们的心里也瞧不起父母的没底线。

在瑞瑞很小的时候，我由于母爱泛滥，对他的要求是有求必应，并且还会无限制地降低自己的底线。直到有一天，表妹家的熊熊来我家，我才知道自己的威严在孩子心中有几分重。事情是这样的，熊熊和瑞瑞都想看动画片，一直以来我的规定是每天只能看半个小时动画片。那天，两个孩子已经看了一上午的动画片了，还紧紧盯着电视屏幕里的光头强，没有一点儿离开的意思。最后我不得不强行关了电视。后来午睡醒来，两个孩子在房间里商量怎么才能看到动画片，先是熊熊的声音，"你怕你妈妈吗？"接着是瑞瑞的声音，"我妈一点儿都不厉害，我才不怕她呢。""那你去求求你妈妈让她给咱们打开电视呗。"熊熊的声音接着响起来。我侧着耳朵想听瑞瑞怎么回答，他们的房门已经被打开了，看见我，瑞瑞先冲过来，黏在我怀里说："妈妈，求求你了，让我们再看一会儿电视吧，就一会儿。"

看着瑞瑞可怜的模样，我又有些动摇了，不过我还没有动作，瑞瑞就指着我说："别装了，你看你都笑了，我去了。"然后从我的身边弹到了电视机面前，打开了电视，之后一脸挑衅地看着我，那神情好像我是他战胜的一座山峰。

"不行，你们都看一上午了，电视不能再看了。"我知道是时候板起脸来了，就上前关了电视，并拿出拼图让他们到一边去玩，瑞瑞看我实在没有想开电视的意思，拉着熊熊趴在地板上玩起了拼图。

孩子们永远都在试探着我们的底线，当我们无限制地让步、妥协时，我们当父母的尊严也一点点地在他们心里消失。可是作为父母应该给他们正确的指引，父母的约束和管制是爱的一种表现，而父母一味没底线地退让，只会让孩子忽略父母的威严。

这学期我所教授的学前班，因为每天放学会象征性地布置些少量的作业，所以第二天早上上班的第一件事就是检查作业。这天我发现一本作业写得非常潦草，连忙翻看，发现是鸿鸿的作业。我找来鸿鸿问他："作业为什么写得这样潦草？"鸿鸿淡淡地扫了我一眼，说："我妈妈说她不管我了。"我吃了一惊，急忙问他怎么回事。他告诉我，每天做作业的时候他都不好好写，妈妈就对他说再也不管他了，愿意怎么写就怎么写，所以他就把作业写成这样了。

我听了大吃一惊，妈妈怎么能因为孩子不好好写作业就不管孩子了呢？我连忙联系了鸿鸿的妈妈，反映了鸿鸿的情况。结果鸿鸿妈妈给了我事件的另一个版本：鸿鸿每天写作业的时候总是提各种各样的条件，开始的时候，鸿鸿妈妈认为他上了一天学也很累了，每次都答应他，可是没想到他的条件越来越多，作业写得却越来越慢，昨天更是，不仅拖拖拉拉不写作业，还把好不容易写好的作业撕坏了，气得她说不管他了，昨天的作业父母也没看着做。听了鸿鸿妈妈的解释，我一下子明白过来，妈妈看他太不听话，气得说了那句"不再管他了"，可是孩子却当了真，认为妈妈真的不管他了，才不好好写作业的。

在孩子的心里，不管就是不爱了，既然你都不爱我了，我又为什么听你的呢。每个孩子心里都有一架天平，这个天平的砝码就是父母对自己的关注度，他们在心里都会用自己的标准换算成爸爸妈妈在不在乎自己。

妈妈做事情一定要有自己的底线，尤其是在教育孩子的事情上，不要让孩子的感情天平觉察到你不爱他了。

妈妈要维持住自己的底线，可以从以下三方面入手。

1. 温柔而坚定地坚持自己的原则。

妈妈一定要坚定，相信自己的原则是正确的，并且陪着孩子果断执行。但是在执行的方式上，不要急躁，春风化雨，用母爱的力量把原则植入孩子的心里。

2. 做好长期作战的准备。

好习惯的养成和培养不是一朝一夕的事情，心理学家做过实验，要养成一个好的习惯得连续执行21天，而对于幼儿时间则会更久，要调整自己的心理状态，孩子的成长不需要揠苗助长，不能急于求成。

3. 让孩子觉得他很重要。

孩子是原则和规矩的最终执行人，是事件的主体，虽然出发点都是为了孩子好，但是孩子小根本就不能明白其中的道理，只有让孩子感受他很重要，才能从心底接受父母的建议。

父母做事情有底线，孩子做事情的时候才能正确地把握住分寸。

5 懂规则的父母引导出有分寸的孩子

　　星期天，我到一个远房亲戚家参加她儿子的婚宴。在宴席上我遇到一个"熊孩子"。因为亲戚将来要与儿子同住，所以，家里放满了儿子新婚的物品。这个"熊孩子"不仅把所有新婚物品都翻弄个遍，还爬到婚床上"蹦高高"。第二天新人被接到家的时候，他竟然也混进了新房里，翻新娘的挎包要糖果。见到他的客人几乎都暗暗地指责这个孩子太不懂事，太没有分寸了。

　　下午，婚礼结束，亲戚的儿子外出度蜜月，我们有几个路远的重回亲戚家休息。刚在房间里落座，就看见一个中年妇女走进新房四处摩挲，而那个"熊孩子"跟在妇女身后，也跟着四处翻动。另一些亲戚实在看不过去了，不耐烦地一次次叫"熊孩子"不要随便打开新房里的抽屉，而"熊孩子"依旧我行我素地把新房里所有的抽屉和柜门一个个都打开了。亲戚见制止不住，无奈地向我们摇了摇头，说："真是什么样的妈妈教什么样的孩子，妈妈每次来家都是四处乱动，孩子每次也有样学样地四处乱翻。"

接着亲戚讲述了一些这对母子俩的往事，这对母子是亲戚的表亲，平时也经常走动。可是让亲戚受不了的是，每次来的时候，表亲好像对亲戚家的所有东西都非常感兴趣，什么东西都要动一动，查看一番。而那个"熊孩子"，自从能走路开始，每次来的时候，亲戚家的抽屉从来没有关上过。打开还不算，会把里面的东西翻得乱七八糟。有时候甚至撕坏，所以她们要来的时候，亲戚都要把重要的东西放在高处，不然很难保证不遭受被破坏的命运。

听了亲戚的讲述，想到了我小姑子的故事。我们夫妻是与公婆同住的，小姑子结婚后没事时就会回家来玩，而她到家的第一件事就是四处翻找零食。不管是冰箱还是橱柜，只要是以前她在家时放零食的地方，都是她搜寻的目标。后来小姑子有了孩子，带孩子回来的时候，我就发现一个奇怪的现象，孩子总是四处乱翻，婆婆房间里的抽屉，厨房的冰箱，我们的橱柜都不能避免。翻得婆婆一次次抱怨孩子是一个"小土匪"。小姑子也是一次次为孩子乱翻乱动的事大动肝火，甚至气恼地说，如果再乱翻以后就不带他过来了，可是孩子依旧我行我素，怎么说都不听，这让小姑子无力又无奈，一次次抱怨这个孩子天生就是一个"小魔王"。可是只有我知道，孩子的土匪性子是跟他妈妈学的。如果不是小姑子到哪里都四处翻找，孩子也不会这样没界限地乱动乱翻。父母永远是孩子的第一任老师，孩子开始的行为习惯都是在模仿父母。孩子有没有分寸，首先看父母有没有分寸。

父母该如何正确地引导孩子的分寸，最简单直接的表现就是，在遵守规则上。

一次坐火车看到非常让人气愤的一幕。一位爸爸带着儿子坐火车，火车上的人不多，爸爸就脱了鞋把脚放在了对面的椅子上。儿子不用说，也有样学样地把脚放在了对面的座椅上，惹得邻座的人都嫌恶地捂住了鼻子，或者起身离座，父子俩也不为所动。

在公共场所脱鞋，还把脚搭在对面的座椅上是不文明的行为，乘火车的条例中明确禁止这种行为，可父亲却不以为然，无视法则，脱了鞋把脚放在了对面的座椅上。孩子当然也跟着把脚搭在座椅上，这两个人的行为让人不解又气愤。最可气的是大人，相对于孩子，大人应该明白其中的规则，可是他不仅不遵守，还带头违反，给孩子做了一个坏的示范。

父母是孩子的镜子，给他一个浑浊的镜面，孩子永远不能学出一个洁净的自我。

很久以前网络上流传了一个非常火的视频：一个老板模样的人带着儿子在酒店用餐。菜上得有些慢，老板敲着桌子一遍遍叫着服务员，儿子也学着爸爸的样子，一遍遍大声喊着服务员。画面切换到另一个情景。同样这个老板带着孩子在酒店用餐，菜上得有些慢，老板礼貌地叫过服务员询问菜的情况，儿子也学着爸爸的样子，礼貌地请服务员帮自己拿水杯和餐具。服务员满足他的要求后，儿子还礼貌地向服务员表示感谢，俨然一个小绅士。

爸爸的两种处事方式，换来孩子的两种态度，足见家人的榜样力量在孩子的成长过程中作用有多大。

因为家里亲戚众多，悦悦妈妈经常带着悦悦参加家庭聚会。每次聚会的时候，餐厅里无论多么吵闹，悦悦妈妈每次说话都轻声轻语，用餐的时候，总是等着所有人都拿起了碗筷，才开始用餐。在这样的环境中成长起来的悦悦比其他的孩子都安静懂事得多，不仅不像其他小朋友在餐厅里跑来跑去，大声喊叫，用餐的时候也总是最后一个拿起碗筷，懂事又守礼，非常有分寸。而且不仅仅是在餐厅用餐，在其他场合，悦悦也是一个有分寸的孩子。一次悦悦妈妈带悦悦到朋友家做客，朋友的女儿和悦悦同时都看中了一件玩具，悦悦没有凭着自己大有力量，就去抢玩具，而是把玩具让给了朋友的女儿。还有一次，悦悦和姥姥坐公交车，姥姥让悦悦站到前面去插队，悦悦却自觉地走到了队伍的后面。

悦悦虽小，在妈妈懂规则，讲规则的熏陶和感染下，公共场合不能大声喧哗，尊敬老人，懂得谦让与分享等这些规则，这些都已经完整地渗入到悦悦的心灵中了。

孩子没有社会经验和处世意识，他接触社会的方式，一方面来自父母，另一方面来自学校。父母和学校给孩子一个正确的指引，孩子才知道该怎样和这个世界握手。在发现自己的孩子没有分寸、不懂规则前，不要先责备孩子，而是想想自己是哪种类型的父母。

第 5 章

你的孩子是宝贝，
别人的孩子也是天使

悦纳是一种美德。悦纳自己是爱己，无条件地悦纳别人

才是真正地爱他人。悦纳别人，从由衷地欣赏别人的优

点开始。一个孩子不懂得接纳和欣赏别人的优点，不能

从他人身上汲取力量，很难有光明的未来。

1 玻璃心不是爱

　　孩子是我们最心爱的宝贝儿，面对这个宝贝儿的时候，我们的每一个神经都是紧绷着的，唯恐自己的一个疏忽让孩子受了委屈或者有什么闪失，就像装上了一颗玻璃心。

　　闺蜜自从生了宝贝儿哆哆就装上了一颗这样的玻璃心。有一天夜里，闺蜜给我打来电话，说她们家哆哆今天受委屈了，她都要难受死了。我听了大吃一惊，赶紧赶过去了解情况。事情的原委是：今天哆哆所上的幼儿园举行运动会，闺蜜兴高采烈地来到了现场，可是让她大跌眼镜的是，老师竟然安排哆哆站在了最后一排，这让她非常受不了。因为哆哆不仅长得漂亮可爱，还学了好几年的舞蹈，特别有气质，而且个子也不是最高的，实在不应该站在最后面。她反复问我，是不是老师不喜欢哆哆，才让哆哆站在最后面的，要不要想办法弥补一下。

我笑着安慰她，她多虑了，作为老师真的没有那样做的必要，而且一个排队的顺序也不能说明什么。但她还是不依不饶，说她的心里很不舒服，说她实在受不了女儿受委屈，最后还赘上一句，你不知道，我有多爱我的女儿。

每个父母都爱自己的孩子，可是，玻璃心真的不是爱。孩子的心灵没有我们想象的那么脆弱，而且他们单纯的性格根本不会想到一个位置会有多大的影响。记得我们班曾经有一个长得非常漂亮可爱的女孩，因为气质比较出众，六一活动的时候，我准备让她举班级的标志牌，谁知道我怎么劝她也不同意，我还让她妈妈做她的思想工作，可孩子就是不愿意。不仅不同意举牌子，连让她站在第一排她都不同意，每次我一转身她就钻到后面去。这和孩子的性格有关，有的孩子喜欢成为别人的焦点，有的孩子喜欢做幕后的英雄，父母看在眼里，觉得孩子受了天大的委屈，可是，对于孩子来说，这或许是最舒服的选择。而闺蜜的孩子，我知道她是一个内向的女孩，这样性格的孩子，不太喜欢抛头露面，自己要求站在后面的概率更大。闺蜜用自己的感觉揣度女儿的想法，实在有些太玻璃心了。玻璃心的妈妈，永远怕孩子受到伤害，不论是身体的还是心灵的。

一次，我也遇到了一位玻璃心的妈妈。那是幼儿园举行亲子运动会的时候，活动的最后一项是捡蘑菇比赛。游戏非常简单，在操场上放许多海洋球，参赛的每个小朋友挎着一个篮子，到操场上捡那些海洋球，球捡得最多的小朋友获胜。因为活动难度低，只让小班的小朋友参加。尴尬的事情出现了，还没等哨声吹响，妈妈们就带着自家的孩子排到了起跑线上，指挥着孩子们向海洋球发起进攻并站在线上为孩子们鼓掌助威。小朋友捡得卖力，走得也卖力，一会儿工夫，就都挎着篮子返回来了，而且因为距离近，孩子们的步调也差不多一致，只有一个孩子稍慢了些。到了终点的时候，孩子们和妈妈们都欢呼雀跃，场面非常欢乐。这时候有一位妈妈却找到我，要求重来一次。我问她为什么，她说，自己的孩子这次没准备好，走得慢了，孩子没能取得好名次，就这样草草结束比赛，孩子心里会不舒服。当时已经是临近午休时间，个别班的小朋友都已经在撤椅子了。我和她解释，时间有些紧，重新比赛不太合适了，另外这个比赛其实就是个游戏，目的是让孩子们参与进来，没有胜负之说，也没有公不公平可言，孩子玩好就可以了。谁知道这位妈妈竟然和我吵了起来，说这样对孩子是一个伤害，会在孩子的心里留下阴影。我哭笑不得，只好和其他的父母解释一下，重新开始了比赛。不是我认同了她的说法，而是，像我闺蜜一样，当玻璃心开启时其他人的意见是都听不进去的，她此时的心里只有我的孩子受没受委屈。而她不知道的是，一个3岁的孩子，是不会因为游戏没得第一就委屈满腹的，更不会留下什么心理阴影，孩子的思维里，还没有比赛的意识，更没有成败荣辱的概念。孩子的心灵，从来都没有我们想的那样脆弱，自然也就没有那样多的委屈可言。妈妈的玻璃心，把事情的后果无限放大，放大到自己想着都害怕的程度。玻璃心对孩子不是爱，有时候恰恰是伤害。

幼儿园举行六一活动，荣荣学过舞蹈，老师让荣荣做一个集体节目的领舞。彩排的那天下午，荣荣和一个小朋友因为抢一块积木打了起来，荣荣被小朋友推了一下，摔倒了。妈妈来接荣荣的时候，荣荣把自己摔倒的事告诉了妈妈，妈妈听了，心疼得不得了，不仅一遍一遍问荣荣疼不疼，还拉着那个推了荣荣的小朋友的父母要到医院拍片子检查。检查结束之后，声称幼儿园里的老师照顾不周全，非要找园长换班级。因为实在不是大的事件，老师也没有什么过错，园长拒绝了她的要求，此时她却做出了更疯狂的决策，在活动的当天毅然决然地提出了退园，荣荣正在进行最后一次演出彩排，被妈妈直接从舞台上拉了下来。没有了领舞，大家精心排演的节目只好取消了。因为小朋友之间的打闹，闹到了退园的地步，荣荣妈妈的行为偏激又武断。究其原因，是荣荣妈妈太爱荣荣了，舍不得她受一点儿伤害和委屈。可是原本怕荣荣受到伤害，却给了荣荣一个更大的"伤害"，荣荣错失了一个当领舞上台表演的机会。更为严重的是，妈妈愤怒地从舞台上叫下荣荣，给荣荣留下了巨大的心理阴影，荣荣开始排斥舞蹈，排斥参加任何活动。妈妈的玻璃心打破了荣荣原有的自信，本以为了荣荣着想，到头来却害了荣荣。

幼儿园阶段，幼儿主要学习的就是怎样与人相处。玻璃心妈妈的错误引导，会让初涉集体生活的幼儿们手足无措。

从心理学上说，玻璃心是一种没自信，没安全感的体现。

因为缺乏安全感，玻璃心的人对什么都不放心。玻璃心妈妈更是如此，他们既不相信自己可以把孩子养好，又不相信幼儿园会把孩子教好，对别人的行动、行为或者是一句话过度解读，对孩子的保护欲过强，总认为孩子什么都不行，需要自己帮着解决问题，清扫局面。撒手是爱，攥手是害，玻璃心父母的不安定感最后都传染给了孩子。被传染的孩子，也像他们的父母一样，对事物过度解读。就像分水果这件事，老师第一个不给她分水果，她就认为是老师不喜欢她；老师不奖励她小红花，她就认为是老师不喜欢她，委屈感爆棚。这样长大的孩子或者过度自卑，或者过度自负，永远揣着一颗玻璃心，不仅难言幸福，还会错失许多机会和体验，只会成为一个离成功越来越远的孩子。

为了避免出现最糟糕的结果，父母要有一个良好的心态，用美好的心态看待发生的事情，给孩子一个成功的指引。

在这一点上，明星爸爸林志颖就做得非常好。据说有一年，林志颖带领着儿子小小志在法国度假期间，听到图书馆正在举行一场看谁读书多的比赛，为了培养小小志读书的兴趣，林志颖带领小小志报了名，并购买了几本图书让小小志阅读，比赛验收那天，小小志读了三本书，而其他的孩子一本都还没有读完，小小志显然成了读书会的赢家。可是，让人想不到的是，图书馆竟然带来了礼物给小小志，并且告诉林志颖，因为小小志是为了读书而读书的，而大赛的目的是让人们爱上读书，感受到读书的快乐，所以图书馆方面决定让小小志退出比赛。事情太过突然和不可思议，不过林志颖接受了图书馆的建议，不仅退出了比赛，还表示以后不逼迫孩子读书，让孩子自由地读书。如果林志颖也有一颗玻璃心，事情解决得不会这样圆满。

　　每个父母都爱自己的孩子，但要爱得有方法，玻璃心的父母，永远不能培养出强大的孩子。关于玻璃心，记得有篇文章叫《敲碎你的玻璃心，你才能成长》，在陪伴孩子成长这个问题上，也是一样，父母一定要收起你的玻璃心。

2　孩子被欺负背后的秘密

因为我在幼儿园工作，表妹把她的儿子熊熊转到我们的幼儿园读书。一天，我接到表妹的电话，熊熊班有一个小朋友总是欺负熊熊，让我和同事说说，约束一下那个孩子。

放下电话，我就来到了同事家。听到了我的来意，同事哈哈大笑地讲起了熊熊在班里的日常。

熊熊虽然是新来到这个集体，但是生性调皮，同时按耐不住自己的好奇心，对什么都有兴致，上课做游戏或者活动的时候，小手小脚总是不闲住，不是动动这个小朋友的小辫子，就是捏捏那个小朋友的橡皮，要不就是用小手偷偷捏小朋友。我说的欺负熊熊的那个孩子，就是熊熊的同桌。上课的时候没少受熊熊的"骚扰"，有一次熊熊趁着他午睡的时候，把一张小纸片放在了他的鼻子里，幸好纸片醒目同事发现得及时，才没酿成严重的后果。至于熊熊被"欺负"，都是发生在熊熊"欺负"那个孩子之后。同事清楚地记得一次上体育课时，其他小朋友都在认真地学着做操，熊熊却蹲在地上，朝小朋友吐口水。那个孩子就是在熊熊冲他吐口水的时候上前推了他一把。事情发生得太快、太突然，同事还没来得及阻止就已经发生了。后来的几次也都是这样的情况，熊熊先"招惹"对方，之后对方才"绝地反击"的。昨天她已经把两个孩子分开坐了，估计不会再出现那样的情况了。同事说完，微微笑了一下，说："在幼儿园教了这么多年，除了个别'熊孩子'，真是很少发现喜欢欺负人的孩子，孩子被欺负，多数的情况下都是先招惹了别人。"

同事说的情况，我非常赞同。从教多年，我发现班上吵架、打架等摩擦多数发生在"熊孩子"之间，很少有"老实"的孩子受欺负的现象。更多的时候都是像熊熊这样，先招惹人家，被人家"绝地反击"的。

我们班曾经有一个叫龙龙的孩子，每天像熊熊一样，总喜欢动其他小朋友的物品，有的小朋友会把东西藏起来，而有的就会伸出手来打龙龙。每当龙龙委屈地向我告状有小朋友打了他时，再一问原因，都是龙龙先惹了人家。虽然一而再再而三地告诫龙龙，可他还是改不掉动人家东西的坏毛病，所以龙龙"挨欺负"也就成了经常的事。

　　三四岁的儿童，自我意识开始萌芽，有强烈的自我归属欲望，当意识到被别人侵犯了，就要开始阻止了。像"打"龙龙的小朋友，不是因为龙龙碰了他们的玩具，就是因为龙龙动了他们的铅笔。幼儿还没有完全的沟通和解决问题的能力，阻止的办法一般就是简单粗暴地"打回去"。我曾经教过一个自我意识特别强的孩子，有小朋友到她的桌子附近，碰了一下她的桌子，都要大着声音和我告状，当她发现我的一次次"警告"无果时，她就会扬起小拳头。

　　而我们班有一个非常内向的小朋友文文，就从来没有发生过"被欺负"的现象。有一学期，我们班来了一个非常调皮的孩子默默，我非常害怕他欺负文文，不仅经常叮嘱，下课的时候还盯着两个人。可是经过几天的观察，我发现一个奇异的现象，默默从来都不到文文身边去，更别说欺负了。有一天，我好奇地问默默："为什么不和文文玩呢，老师说过不许欺负他，但没有不让你们在一起玩啊。"默默摇着头说："他不会玩，我才不愿意跟他玩呢。"我一下子明白了，文文是个文静的孩子，默默却是个活泼的孩子，就像两个永不相交的平行线，两个孩子的兴趣点不同，游戏方式不同，自然玩不到一起去。玩都不在一起，哪里还有"欺负"一说呢？

俗话说"人以类聚，物以群分。"幼儿也是一样，喜欢同自己合得来的小朋友在一起，性格开朗活泼的孩子，玩耍的时候也都是和开朗的小朋友在一起。而性格偏安静、内向的小朋友，他们的游戏方式也是安静的，玩耍的小朋友也都是喜欢安静。安静的孩子和活泼的孩子很难玩在一起，安静的孩子被活泼厉害的孩子"欺负"的情况，一般情况下是不会发生的。

所有能玩在一起的孩子，他们之间存在的所谓"欺负"，有时候是打招呼的一种方式。年幼的他们还没有学会怎样真正地与朋友相处，"打"是他们互相交流的一个方式。其实，在他们的概念里，"打"相当于"摸"一下，不过孩子不懂分寸，掌握不好力度，"摸"有时候就变成了"打"。那年我教中班，就遇到这样一个孩子。下课出去玩，没有两分钟就有小朋友委屈地找到我，说有人打他了。后来经过我的观察发现，被告状打人的那个小朋友，每次和其他小朋友玩耍时都和熊熊一样，总是上前去拍人家一下之后再跑开。后来我问他，为什么总去惹小朋友，他委屈地告诉我，他只是想和小朋友一起玩。孩子的话让我的心里好一阵疼，他只不过是不懂得社交法则而已。

在幼儿的纯真世界里，没有欺负这件事，更不可能出现"小企鹅打豆豆"那样的事情。关于孩子被欺负这件事，有时候是父母把事情复杂化了。

作为孩子成长最直接的见证人，我几乎每天都能听到这样的对话："宝贝，你的手怎么有条印儿啊，是不是小朋友挠的？""告诉奶奶，今天有没有人欺负你啊？""有人打你你就告诉老师，别害怕。"每次听到这样的对话，我都有种毛骨悚然的感觉。孩子们的心灵是纯净的，也是美好的，父母每天给他输入这些负能量，孩子又怎么能好好地和小朋友相处呢。就连我的表妹，也不能避免的用这样的话做每天接孩子的开场白，让我觉得既好笑又心疼。爱孩子，害怕孩子受欺负没有错，可是如果错误地灌输一些理念，结果往往会适得其反。我的邻居小文家的女儿圆圆，有一次奶声奶气地问我："阿姨，是幼儿园里有小朋友欺负人吗？"我吃了一惊，问她怎么会想到问这个问题，她瞪着大眼睛想了想，然后告诉我，妈妈告诉她的，说是幼儿园里有厉害的小朋友，喜欢打人。我不由地叹了口气，怪不得圆圆三岁半了，还不上喜欢上幼儿园，每天上学之前都要小文连哄带劝，原来她害怕到了幼儿园有人打她。幼儿园本来是孩子们的天堂，被妈妈这么一说，反而成了妖魔化的洪水猛兽。

因为做幼教工作，只要有空闲时间，我都会逛一逛育儿论坛，我发现关注度最高的，是孩子被欺负后怎么办的帖子。几乎每个帖子下面都有长长的回帖和留言。自然都是针对楼主话题的献计献策，有的劝说要告诉孩子打回去；有的劝说要和老师搞好关系，让老师帮忙照料着；更有的人用自己家孩子的亲身事例现身说法，陈述孩子被欺负后的严重后果。林林总总的回复似乎在说明一件事：孩子上了幼儿园，就一定会受欺负。

我和圆圆的老师也相识，一次我们谈到圆圆，老师的说法竟然跟熊熊老师的说法一致，圆圆经常先招惹其他小朋友。有所不相同的是，熊熊不知道怎样和小朋友相处，但圆圆不是，圆圆是带着戒备心上幼儿园的。圆圆老师讲了发生在圆圆身上的一件事。那天，她组织小朋友分组玩玩具，刚把玩具发到圆圆那一组，圆圆就瞪着小眼睛对同桌小朋友说："这几个玩具是我的，你不能抢我的玩具，不许欺负我。"然后同桌小朋友就非常霸道地把圆圆的玩具拿走了一个。老师说，那个同桌小朋友有点儿顽皮是事实，可是圆圆这么一个小孩子就有这样大的戒备心，总是担心别人欺负她，才是真正被"欺负"的原因。没有人喜欢被别人说成欺负人，幼儿更是，他们还没有正确处理这件事情的能力，只好用恶作剧来对抗，于是，怕被欺负变成了真的被欺负。

近几年校园凌霸的事件频发，父母总担心自己的孩子成为"熊孩子"凌霸的对象，心情可以理解。可是，幼儿的世界不同于大孩子的世界，他们还没有形成真正的"欺凌"意识，更不会在欺负小朋友的时候得到所谓的"快感"，不存在真正地被欺负。更多的时候，幼儿上一秒被别的小朋友欺负，下一秒也可能成了欺负别人的那个"熊孩子"。另外，拍打一下都是幼儿的正常交往行为，父母不能因此就谈及到"欺负"。事实证明，幼儿在一次次的交往中产生的小摩擦，能让孩子学会交往的技巧。我就见过这样的例子，我们班的小朋友童童，刚入园的时候是和同小区的一个孩子一起来的，父母介绍说两个孩子经常在一起玩，是一对儿好伙伴，让我把他们的座位排在一起。于是我就照父母的话做了，可是过了几天我发现下课的时候童童从来不是和同桌那个孩子玩，而是总牵着文文的小手。有一次，我好奇地问他："妈妈说你和同桌是好朋友，怎么看不见你们在一起玩儿呢？"童童向我眨了眨眼睛说："老师，我不愿意和她玩儿，愿意和文文玩儿，你能不能让我和文文坐在一起呢？"这个结果真是有点儿出乎意料，不过也在情理之中，童童能自己选择朋友，而且还有他自己的原则。童童曾经和我说，妈妈让他一起玩的那个孩子总喜欢管着他，他不喜欢，但文文能和他好好玩。由此可见，不要小看孩子的能力，在交往中，他会知道怎么保护自己，更知道如何选择最适合自己的朋友。

父母教会孩子社交礼仪，让孩子自己解决问题，不把矛盾复杂化，给孩子正确的引导，能有效地让孩子避开"被欺负"的漩涡。

3 孩子的世界里根本没有"仇恨"二字

　　每天下班，我都喜欢走路回家，因为这不仅可以锻炼身体，还可以放松心情。这天，我正走在路上，突然被前面一对母女的对话吸引了。先是妈妈询问女儿："今天和盈盈玩了吗？"女孩点了点头，高兴地说："玩了，今天她没打我，我们玩得非常开心。"我本来以为做妈妈的会表扬一下女儿，谁知道妈妈的声音马上严厉起来："不是告诉你别跟她玩吗，她总打你，你记不住吗？"女孩马上小声反驳："可是，她今天没打我啊，她说要和我做好朋友。""没打也不行。"女孩的话可能把妈妈气到了，妈妈生气地拉着她快步向前走去，一转弯，走出了我的视线。我的思想却不能转回弯来，为什么有那么多的父母反对有矛盾的孩子在一起玩耍呢？

今天放学时，我们班也发生了这样一件事情，佳琪的妈妈急匆匆地找到我，告诉我在幼儿园一定要帮她看着，不让佳琪和一个叫菲菲的孩子玩儿。细问才知道，两个孩子是邻居，没事的时候经常在一起玩。可是，菲菲是个非常娇气和任性的女孩，有时候还会伸手打佳琪，更多的时候是两个人玩着玩着就会打起来了，之后还总是菲菲先告状，弄得佳琪非常被动，而菲菲的妈妈又是一个护子心切的人，总是信自己女儿的话数落佳琪，佳琪吃亏又受气。谁都疼爱自己的孩子，所以佳琪妈妈就不太喜欢让两个孩子在一起玩，让我在学校里帮忙看着，如果看见两个人在一起玩的时候，把她们分开。

听了她的话，我大吃一惊，仅仅因为玩耍中的孩子起了矛盾，就不让孩子在一起玩，未免也太武断了。孩子的成长离不开伙伴，也正是因为在与同伴的交往中，通过不断试错从而学会社交的经验技巧。剥夺孩子与朋友玩耍的权利，就等于剥夺了孩子成长的权利，他将会像角落里的一朵小花，孤独而郁闷地生长。害怕孩子被欺负、受委屈，让孩子不和"伤害"自己的人玩耍，这种想法可以理解，可是做法却不值得推崇。孩子的世界是纯洁清澈的，是没有仇恨的。上一秒钟是针锋相对的"仇人"，下一秒可能就是你跑我追的好朋友。

姑姑家的女儿竹子和表妹家的儿子熊熊就是这样一对儿"欢喜冤家"。一次家庭聚会的时候，不知道什么原因，两个人吵了起来，竹子把熊熊的脸挠了一下，流血了，疼得熊熊哭着要打竹子，大家费了好大劲儿才把熊熊拉开。害怕这两个孩子再打起来，大家哄好熊熊之后，把竹子带到了另外一个房间，谁知道没过几分钟，熊熊就在外面敲门嚷嚷着要跟竹子玩。姑姑见了熊熊，逗他："你忘了小姐姐把挠你了，还敢跟她玩？"熊熊咧着嘴嘿嘿一笑："敢啊。"还没等熊熊说完，竹子已经飞出了房间。剩下一头雾水的姑姑喃喃自语："真是孩子，一点儿不记仇。"

小孩子当然不记仇，因为他们的世界里还没有仇恨。在他们的心里，只记得在一起玩耍时的快乐。竹子和熊熊就是一对儿让人有些不理解的小伙伴。两个人每次在一起玩都会吵闹，但双方都还吵着要找对方玩。有一天我逗竹子："熊熊有时候把你弄哭了，你为什么还喜欢和他玩啊？"竹子想都没想看看我说："我也不知道，我就是喜欢和他玩。""那你和他玩的时候是高兴的时候多还是生气的时候多啊？"我对竹子的回答有些不甘心，又继续追问。这次竹子歪着脑袋看看我，说："当然是高兴的时候多了，和熊熊玩的时候我最高兴了。"她的这个回答有些出乎我的意料，因为在我的记忆里，竹子被熊熊弄哭的次数多得数不过来。而这个回答又是那样真实自然。这个回答向我们展示了一个孩子纯真的世界，他们不会储存哀伤，留在他们记忆深处的大多数都是快乐和美好。这个回答也充分说明了孩子内心的纯净与美好。

孩子们在交往的过程中，难免会发生一些小的摩擦或者矛盾。这时候有许多父母，就如开篇中的那位妈妈一样，直接跳出来介入孩子的矛盾中来。父母用成人世界的标尺丈量着小伙伴之间的"矛盾"，更用粗暴的方式干扰着孩子自己解决这些摩擦的方法。这样做的直接结果是，把一颗"仇恨"的种子种到了孩子的心里。

虽然孩子的世界里没有"仇恨"，但是如果父母在孩子的心里种下恶的种子，仇恨就会在孩子的心底生根发芽。很浅显的一个例子，如果某个人一再对孩子过多地使用一些负面言辞，那么这个孩子就会拒绝接近这个人。父母永远是孩子的老师，父母对世界充满敌意，孩子就对世界充满敌意。

很早以前在一本书上看到的一个故事，作者坐车长途旅行，她的对面坐着一对儿美国夫妻和他们的两个孩子，两个孩子在一旁玩耍，没过多长时间，就因为一件玩具吵了起来，最后都别过脸去谁也不理谁。其中较小的孩子还伤心地抹起了眼泪。作者认为那对夫妻会指责较大的孩子，谁知道，他们竟然像不知道两个人之间发生了不愉快的事情一样，不闻不问，在一边谈天说地看风景。作者觉得很诧异，问他们："两个小孩子吵架了，你们不知道吗？"两个人看了看，竟然笑了，说："小孩子吵架，我们为什么要管呢，他们自己会处理的啊。"果不其然，没几分钟，两个孩子又和好了，不仅开心地玩那个玩具，还一起吃糖果，说笑话。

孩子都有处事的能力，他们会很好地处理好彼此间的矛盾与冲突，父母不过多介入孩子之间的矛盾，让孩子自己寻求解决的办法，孩子才能在一次次实战演练中获得经验，知道与人相处的法则。对孩子们来说，让他们自己解决冲突是必须经历的一次成长。

4　允许别的孩子优秀

　　闺蜜潇潇最近向我讲述了一件异常郁闷的烦心事，原因是和她女儿一起学弹古筝的琪琪，古筝弹得比她女儿好。她撇着嘴，一脸不服气地说："我们家孩子生病耽误了半个月，不然一定比她弹得好。"说完，意犹未尽地加了一句："你相不相信？"

　　我点点头，讪讪地回答了一句"信！"心里却涌出了一个疑问，为什么父母们不能接纳别的孩子优秀呢？

　　生活中有太多见不得别的孩子优秀的例子，徐徐的妈妈就是其中一位。有一天她来接孩子的时候，我们班正在排演蒙

古族舞蹈，跳舞的是一个叫月月的小女孩，月月不仅人长得漂
亮可爱，还非常聪明机灵，把这支舞蹈跳得韵味十足，乐曲一
结束，我马上带着小朋友给她献上了赞赏的掌声。站在一旁等
候的徐徐妈妈，一样也为月月送上了掌声，不过掌声未了，她
拉过我的胳膊，悄悄地问我："老师，你说我们家徐徐去学舞
蹈，是不是能比她跳得好？"面对她期待的眼神，我不知道怎
样给她答案。

　　随着赞赏教育理念的风行，越来越多的父母知道，需要给
孩子树立足够的自信心，可是从这个时候开始，我却遇到越来
越多这样的"难题"：美术公开课，父母在看到别的小朋友画
画画得好之后，对根本不喜欢画画的自家孩子说："宝贝儿要
是画，一定比她画得好。"手工亲子课，父母在看到小朋友的
手工折纸折得非常漂亮之后，小声地告诉自家孩子："宝贝儿
加油，一定会比她折得好。"

　　相信孩子没有错，鼓励孩子也没有错，但是认同别的孩子
优秀，欣赏别的孩子优秀，更没有错。可是，对其他孩子的优
秀视而不见，只一味地夸赞自己的孩子，只给自己孩子"鼓劲
儿"就有些不太妥。优秀是用来欣赏的、赞美的，而不是用来

比较的和伤害的。

　　有一次放学，有几个父母晚接的孩子围着我看童话书。其中一个小女孩语言表达能力特别好，边看边对着书中的图画讲故事。这时候，一位父亲过来接孩子，看到这个小女孩在讲故事，就凑过来看了一下，对我身边的另一个小女孩说："我们姐姐也会讲故事，明天也给老师讲，比其他小朋友讲得都好。"那个小女孩听了，高兴地点了点头，和我说再见，之后牵着父亲的手走了出去。这时讲故事的小女孩却转过头来问我："老师，她说的是真的吗？她比我讲得好吗？"我心疼地看着她，摸着她的手摇头："不对，你们两个讲得一样棒，一样好。"

　　我永远记着这个小女孩充满伤害、委屈和不解的眼神。那眼神里已经没了刚才讲故事时的快乐与自信，仅剩下一种担心和不安。为了鼓励一个孩子，而去伤害另一个优秀的孩子，怎么想都让人无法接受。孩子是父母千辛万苦养育大的宝贝儿，谁都爱自己的孩子，在父母眼里，谁的宝贝儿都没有自己家的宝贝儿好，这是一个不争的事实。可是，允许和接纳别的孩子优秀，也应该是一个事实，眼前的孩子表现非常棒，不去表扬，反倒去比较，用还不知道的臆想，推翻这个孩子优秀的事实，其做法让人不敢认同。而被这样"鼓励"大的孩子又会是什么样子呢？

舞蹈课，小小和美美都在跳舞。小小的动作不规范，老师让小小看着美美跳，小小一扭脸："哼，我才不和她学呢，她还没我跳得好呢。"

家庭聚会，琪琪和欢欢都穿了一件同样款式的裙子，琪琪生气地走到欢欢面前撅起嘴："哼，你怎么和我穿一样裙子，不过你没我穿上好看。"

小小和琪琪本来都是可爱的孩子，但是，在不能正确看待小朋友比自己好这方面来说，就变得不那样可爱了。他们的背后都有一个怕其他孩子的优秀会遮住自己孩子光芒的父母。小小的奶奶是典型的娇惯型奶奶，只要小小想要的东西就没有不满足的，把一切最好的都给小小的同时，也给小小灌输了另一种观念：小小是最棒的、最好的。我是在小小上口才课上发现这个问题的。口才班上，奶奶总申请坐在教室里陪小小上课，课堂上，小小表现得不够好时，奶奶负责坐在旁边鼓励，但是奶奶鼓励的方式有些特别，当前面有一个表现特别好的小朋友时，奶奶就小声地对小小说："她说得一点儿都不好，还没有我们小小好呢。"几次之后，虽然小小表现得还是不够好，但是心气儿却高了很多，无论谁表演，表演得怎么好，她都是小鼻子一哼，不服气地说："哼，好什么啊，一点儿都不好。"

琪琪更是，因为是家里久盼的女孩儿，全家上下把她宠成了公主。父母对琪琪的夸赞是最直接的也是最好听的，最让人听了欢喜的就是："你真漂亮，最漂亮，这件衣服你穿着最好看了。"每次家庭聚会，大家都围着琪琪说这些她喜欢听的"甜言蜜语"，原本只是表示喜爱，谁知道，却滋长了小女孩的自尊心，骄傲地认为只有自己才是最好的，其他的小朋友都没有自己好。

琪琪和小小的眼睛里已经看不见别人的优点，也装不进别人的优点。

闲着没事的时候在网上闲逛，在知乎上看到一个妈妈的帖子：为什么我看见别的孩子比我的孩子优秀时，心里就不舒服呢？看完这个帖子我心跟着轻微地颤了一下，世上哪个妈妈能真的认可别的孩子比自己的孩子优秀呢，只不过表现的方式不一样而已。一种是，接受自己的孩子某一方面不优秀的事实，同时用欣赏的眼光看待其他优秀的孩子；另一种是，百般打压优秀的孩子，用优秀孩子的短板，比较自己孩子的长板，给自己的孩子比一个优秀出来。事实上，后者的父母要比前者的多。这类父母，他们满心满脑都是自己的孩子，而且满心满脑地认为自己孩子很优秀，缺乏悦纳别的孩子优秀的胸襟。有时候，他们的眼睛里和嘴巴里也会出现"别人家的孩子"这样的字眼，但是这个"别人家的孩子"，绝不是拿来欣赏的，而是拿来比较的。几乎每一句后面都可以分析出一句潜台词来。

"你看看人家的孩子怎么什么都会？"这句话的潜台词是自己家的孩子为什么不会。"你看看那谁家的孩子怎么那样好呢？"这句话的潜台词是那样好的孩子怎么不是我们家的孩子呢？每一句里都是浓浓的醋味和恨铁不成钢的酸味。这类父母的嘴虽然在表扬别人家的孩子，但绝不是真心地夸赞，说出赞扬话的同时，在心里也为自己家的孩子焦急、叫屈，恨不得把别人家孩子身上的优点，全部移植到自己孩子身上来。究其原因是，他们不愿意正视别的孩子比自己的孩子优秀的事实。

不能认同其他孩子优秀的父母，培养出的孩子的眼睛里是看不到别人，或者容不得别人身上的优点，这样的孩子更容易以自我为中心，不懂得欣赏和接纳他人。

悦纳别人是一种美德，允许别人的孩子优秀，更是一种美德。一个人的胸襟决定一个人的视野和格局，更决定一个人的成败。3岁看老，7岁看大，懂得欣赏别人的孩子，长大了不会太差，而这一课程需要父母亲自来传授。

5 为别的优秀孩子由衷地送上掌声

　　我们幼儿园每年都会不定期地举行多次亲子活动。活动中，必不可少的一项是孩子们的才艺展示。

　　有一次，我正带着几个即将演出的"小演员"在教室前面排队形，听到一个妈妈在后面厉声催促自己的孩子："去，你也去跳去，你怎么不去呢？"我顺声望过去，是宁宁的妈妈。她一边催促，一边推坐在身边的宁宁。宁宁红着脸坐在那里一动不动。气得宁宁妈妈点着宁宁的头说："你怎么啥啥都不会，再这样我可不来了。"

　　看到这我马上赶过去为宁宁"救场"，告诉宁宁妈妈节目都是我们编排好的，每个孩子都有展示的项目，跳舞不参与，还有唱歌、手工、口才，宁宁参加的节目是下一个。听我说完，宁宁妈妈的情绪才稍有平复，低声问宁宁："你表演的是什么，还是背古诗吗？"虽然声音不高，但是不满和不屑还是从声音里渗透出来了。

宁宁是个比较安静的孩子，安静得像角落里的小草，从来不喜欢把自己展示出来。每次这样的活动，让他表演什么才艺节目都是我最头疼的事情。每个妈妈都有一颗望子成龙的心，都想让自己的孩子成为自己的骄傲，尤其是宁宁的妈妈，渴望宁宁"成功"的心态特别重，每次有活动的时候，都要跟我提前"预订"，告诉我孩子能参加什么节目。可是，宁宁偏偏是不喜欢争春的小草，很难有事情把他调动起来，别说妈妈"预订"的节目不成功，就是我为他选的项目也都扭扭捏捏的不愿意参加。为了照顾妈妈的情绪，也为了锻炼宁宁的信心，每次我只好让宁宁表演他最拿手的古诗。

没想到我的用心良苦，根本没被宁宁妈妈理解。重要的是，宁宁妈妈只顾望子成龙，却忘了人的性格是有区别的，有的孩子天生喜欢交往、展现，有的孩子却像羞答答的含羞草，深沉、内敛，不喜欢张扬，没有谁对谁错，谁好谁坏之分。

阳光、活泼、快乐、开朗是一个孩子可爱的标签，可安静地玩耍，发自内心地欣赏别人，做事懂得分寸，同样也是一个孩子可爱的标签。只是很多父母还不明白这个道理。

幼儿园六一活动，晶晶班老师排演了很多节目，因为都是在班里排演，所以几乎每个孩子都学会了舞蹈的姿势，谁知道演出那天，有几个父母看到自己的孩子也会做动作，推搡着自己的孩子上场表演。有行动的，就有效仿的，不少父母看到这种现象也推搡着自己的孩子参加。因为是开放活动，老师不好意思太过阻止，结果到后来，无论是个人节目还是双人节目，都变成了集体节目。更糟糕的是，有个别内向、不喜欢在大庭广众之下表现的孩子，根本不听父母的话到前面表演，让父母非常生气。父母的斥骂声，孩子的哭闹声，成了欢乐活动现场另外的配音，好好的一次活动，结果父母也不开心，孩子也不快乐。

幼儿园里举办的活动，锻炼孩子只是其中一个目的，另一个更重要的目的就是让孩子玩，让孩子放松身心，体会快乐。

望子成龙可以，但把这种意志强加给孩子，会让孩子因为难堪而退缩，甚至会转化成自卑，自己给自己贴上"我不行"的标签。如果孩子从小心里就扎下自卑的种子，后果不堪设想。

做妈妈的爱孩子，首先就要接纳孩子这种性格差异，逼迫只会让孩子觉得更难堪。我的儿子瑞瑞小时候就有些内向，什么活动都不喜欢参加，我也非常着急，担心他长大后的性格会不合群，我就一次次地给他创造机会，让他锻炼，但效果却不明显，甚至有了负面的效果，瑞瑞开始排斥任何大型的活动场合。有一天我又带他到一个活动现场，在马上走近舞台时，他对我说："妈妈，我不喜欢成为别人的焦点，让大家看。"我听了心里一惊，意识到了问题的严重性。孩子就是这样不张扬的性格，如果父母一意孤行非要把他放在聚光灯下，那不是锻炼，而是煎熬。那天我没有逼瑞瑞参加节目，只是带他坐在台下给参加节目的小朋友鼓掌。

在孩子不喜欢张扬、展现时，教会他给其他小朋友鼓掌，也是一种成长。并不是每一个展现才是绽放。

情感作家刘继荣在《坐在路边鼓掌的人》一书中，讲述了自己女儿成长的故事。她的女儿成绩平平，什么也不突出，在别家的孩子不是会弹琴，就是会唱歌的才艺光环下，自己的女儿像一个丑小鸭一样，平平庸庸，毫无特色，最要命的是，自己女儿竟然没有半点儿进取的意识，女儿告诉她，自己愿意做一个坐在路边鼓掌的人。这让她难过又恼火，直到有一天，女儿被全班的孩子评为最喜欢的孩子，她才发现女儿了不起，女儿虽然没有大的光环，但是可以在别人需要的时候，送上温暖，可以在气氛无聊的时候讲笑话助兴，可以在别的孩子表演时，由衷地送上掌声，她开始接受了女儿的想法，同意女儿只做一个坐在路边为其他优秀的人鼓掌的孩子。

生活中有许多这样的孩子，没有才艺，成绩不突出，长得不漂亮，不擅长交际，像小草一样平凡和普通。但很少有像作家刘继荣一样开明的父母，认同孩子之间的差异，接受自己孩子的平凡。

《接纳不完美的孩子》一书中说，每个孩子都有闪光点，做父母的，主要的责任是帮助孩子找出这个闪光点，而不是用别的孩子的光芒来掩盖自己孩子的光亮。然后，接受自己的孩子。

只有接受孩子，孩子才可以自信阳光地成长，而任何形式的逼迫，都是在伤害孩子。

第 **5** 章

老师不该是你的敌人，
你们是并肩前行的战友

现在社会上对老师有不少负面评价，导致很多父母也跟

着有了不少负面的情绪，这样做真的大可不必。在孩子

成长的道路上，老师是除父母亲人外最希望孩子成功、

快乐、幸福的。父母和老师，不应该是对立的两个个体，

而是并肩前行的战友。

1　为什么孩子更愿意听老师的话

　　在我开设的收集广大父母关于育儿方面难题的微信群里，有一天收到一条哭笑不得的留言：老师，为什么孩子喜欢听老师的话，而不喜欢听父母的话呢？看着这条留言，我知道她一定是一个被孩子左一句"老师说"，右一句"老师说"烦到的父母。

　　幼儿有一个情况，特别喜欢听老师的话，而把父母的话当作了"耳旁风"，尤其是年龄较小，乖巧的幼儿，更是把老师的话当"圣旨"。

　　记得瑞瑞刚上幼儿园的时候，无论做什么都要补上一句

"老师说"。有一次瑞瑞的园服脏了，我提出来帮他洗一下，他捂着衣服不让我脱下来，告诉我一个哭笑不得的理由：老师说上学的时候每天都要穿园服。我告诉他，上学的时候穿园服，放了学就可以脱下来了。但他还是执拗地捂着衣服，任我怎么劝说也没有用。最后，我实在没有办法，只好等他上床后才把他的园服洗了，又连夜吹干，以保证他第二天能穿着园服上学。

关于听老师的话，瑞瑞还闹了一个小笑话。一次快过年的时候，老师给小朋友讲了一个《年》的故事，并且告诉小朋友，过年的时候要守岁。没想到到了除夕那天晚上，瑞瑞困得直打瞌睡了，也强撑着不睡觉，为了保证清醒，还破天荒地洗了两次脸。不过最终没能抵抗住睡神的亲吻，还是进入了梦乡。谁知道第二天早上醒来，发现自己睡着了，瑞瑞竟然大哭起来，说老师告诉小朋友，过年那天晚上不能睡觉的。我告诉他，老师讲的是故事，并没有不让小朋友睡觉，可他就是不听，伤心地认为"自己没有听老师的话"。最后可能发现无论怎么哭闹也已经改变不了昨天晚上睡觉这个事实了，才可怜兮兮地向我求助，请求我别把他昨晚睡觉的事告诉老师。

我每次想到这件事情都忍俊不禁，老师在孩子心中的地位真是高得难以想象。

我们班的雨朵儿头发特别厚，一到夏天的时候常常热得一头汗。她妈妈一直想把她头发留起来，梳成高高的马尾辫，夏天的时候能凉快些，可是不知道什么原因，无论妈妈许诺什么好吃的好玩的，雨朵儿就是不同意把头发留起来，只要头发长长一点儿就吵着妈妈给剪头发，有两次还自己拿着剪刀把前额的头发剪去一大块，让她妈妈又生气又害怕，怕哪天一不注意拿着剪子出什么意外，后来雨朵儿妈妈找到我，让我帮忙劝一下雨朵儿。

雨朵儿妈妈和我说完，我心里面也是打小鼓的，孩子都有一个认死理儿的时期，妈妈的许诺都不好用，我的话又会起到什么作用呢？不过我还是答应雨朵儿妈妈试一下。

每天午睡过后，几个梳小辫子的小女孩头发都会被睡乱，我都要给她们重新梳一下。我给她们梳小辫的时候，小朋友都喜欢围在我的身边看。这天我特意把雨朵儿叫到身边，边给小朋友梳头边问她："雨朵儿也让妈妈留长长的头发吧，到时候老师给你梳小辫好不好啊？"我原本以为她不会答应的。谁知

道我刚说完她就点点头，脆生生地说："好啊。"说完又撒娇
地说："我要梳欢欢那样漂亮的。"

我当然一口答应了，不过我还是认为她是孩子气的说着
玩，头发长长了一点儿都拿着剪子自己剪的孩子，怎么会因为
我的一个承诺"妥协"呢。谁知道晚上我就接到了雨朵儿妈妈
洋溢着快乐声音的电话："李老师，您是用了什么办法啊，雨
朵儿答应留长头发啦，还一直问'我头发什么气候时候可以长
得和欢欢一样长'。"我抿嘴浅笑，我哪有什么法宝，雨朵儿
能听我的话，主要还是因为我是她的老师。

孩子都喜欢听老师的话。但孩子为什么喜欢听老师的
话呢？

第一，孩子是一个生命个体，不喜欢强制和命令，父母的
不少要求都带有明显的命令成分，加上强硬的语气和态度，让
孩子听着心里不舒服，自然不愿意听话。老师就不同了，她们
总是用温和的态度向幼儿提出要求，幼儿心理上容易承受，就
很愿意听老师的话了。

第二，老师有不同的奖励机制。像成人一样，孩子也需要
褒奖和认同，老师的奖励就是对孩子的一种认同感，让他们感

受到了被肯定和被接受，喜欢听老师的话就变得顺理成章。我所教的孩子中，有不少孩子就为了我手中的漂亮贴纸而听我的命令的。

第三，老师言行合一，以身作则，让幼儿觉得自己受到平等对待。如老师告诉小朋友不许带零食，上课的时候不许吃零食，老师就从来不当着小朋友的面吃东西。告诉小朋友不许说脏话，老师也从来不骂小朋友。

第四，相对于父母，老师是孩子新结识的陌生人。孩子都有表现欲和讨巧的天性，喜欢在"外人"的面前表现自己良好的一面，所以比较听话。

以上几个原因结合在一起，让老师在孩子的心中形成了一定的权威性，这个权威性，可以让孩子非常愿意听老师的话。

闺蜜的女儿团团，就非常喜欢听老师的话，老师告诉小朋友一定要勤洗头，勤洗脚，几乎每天团团都吵着妈妈给她洗头发。

另一个我认识的小女孩甜甜更是听老师话的典范，老师说小朋友每天都要有在外面玩的时间，最好晚饭后和爸爸妈妈一起出去散散步。然后每天晚饭后，甜甜都要抓着爸爸妈妈的手，让两个人带着她出去走，雷打不动。有一次正赶上外面下雨，妈妈告诉甜甜这样的天气不能出去，甜甜竟然哭闹起来，妈妈没有办法，只好给老师打了电话"请了假"才阻止了甜甜的哭闹。

孩子太听老师的话好不好，会不会对父母不亲？这个问题其实大可不必担心，孩子依恋老师，听老师的话，只会帮助孩子养成生活和学习的习惯，无论孩子对老师怎样亲，在孩子心中，她最亲爱的人还是爸爸妈妈。有这样顾虑的父母可以适当转换一下自己对待孩子的态度，不要让孩子觉得父母高高在上，这样才容易被孩子接纳。

孩子成长过程中，除了寻找朋友，还寻找榜样，老师正是孩子成长中的榜样，尤其是幼儿园的老师，既会弹钢琴，还会画画讲故事，在孩子的眼里，就是无所不能的全能人物和偶像。每天和这样的"偶像"在一起，孩子自然愿意听她的话。

我问过我们班的小朋友，长大后喜欢做什么，大部分小朋友都说，长大后喜欢当幼儿园的老师，因为幼儿园的老师什么都会，还能管人，厉害又威风。

父母可以提高自己的自身修养和素质，给孩子一个正面的力量，孩子也会把崇拜的目光放在父母身上。

老师传递的都是正面的信息，是让孩子应该知道并了解的行为规范，并且教会孩子感恩和爱。让孩子听老师的话，不仅不能抢走孩子对父母的爱，还能让孩子熟练地了解和掌握这些规则，从而变得更优秀。

2 不评判老师是最大的教养

因为表妹儿子熊熊在我们幼儿园的原因，有一天，我到表妹家做客，谈到熊熊在幼儿园里的表现，表妹脱口而出："我看熊熊班的老师有点儿不亲切，怎么总是冷冰冰的一张脸？"我瞪了她一眼，指了指在我们身旁玩耍的熊熊。

之所以瞪了表妹一眼，是因为她犯了一个大忌——在孩子的面前评判老师。

相对于父母，老师在孩子的心中有着不同寻常的地位，尤其是刚上幼儿园的小孩子，老师相当于家庭以外的妈妈，孩子对老师充满了依恋。幼年的孩子最需要的是安全感，孩子对老师的依恋会转化为安全感，有了安全感，孩子才会高高兴兴地待在幼儿园里。如果当着孩子的面去指责老师，这个安全感突然崩塌，孩子会无所适从。

这一点我的邻居依依就领教过。依依的女儿小鱼儿3岁时就近送到了小区的幼儿园，小鱼儿的老师是一个刚从幼师学校毕业的小姑娘，虽然专业知识不少，但是苦于没养育过孩子，没有带孩子的经验，业务处理上多多少少有些力不从心。有一天，小鱼儿不知道什么原因感冒了，有点儿流鼻涕。依依把她送到幼儿园的时候，还带了一袋药，嘱咐老师中午吃过饭后帮忙喂着给孩子吃。谁知道老师忙着忙着就把这件事给忙忘了，等依依下午来接孩子的时候，药还"躺"在老师的书桌上。而小鱼儿因为没吃药，不仅鼻涕流得更重了，头摸起来还烫烫的，依依急坏了，直接带小鱼儿去了医院，一路上小鱼儿总吵着冷，到了医院才知道已经烧到了三十九度了，医生说要是再晚一点儿送过去，很可能会烧成心肌炎。听了医生的话，依依又气又怕，从医院回来，不仅和老公叨念老师的不负责任，还跑到我这里和我抱怨，说年轻老师就是不行，依依说这些话的时候小鱼儿正依偎在她的身边，瞪着大眼睛看着她。还没等她把话说完，小鱼儿就噘着嘴奶声奶气地大声说："老师真坏，我再也不喜欢她了。"事情还没完，第二天早上，依依再送小鱼儿上幼儿园的时候，小鱼儿说什么也不愿意去，口口声声说不想去坏老师那儿，最后依依用一颗棒棒糖才连哄带劝地把小鱼儿送到了幼儿园。谁知到了幼儿园，老师伸出手来迎接她时，她响响亮亮地冲老师说："我才不要你抱，你是个坏老师。"说完头也不回地走向了自己的座位。后果可想而知，最后依依只好给小鱼儿换了一所幼儿园。

据我所知，小鱼儿以前是非常黏这位老师的，刚上幼儿园那会儿，每天早上，一看见老师来了，就赶着依依离开。当时依依还醋意十足地和我说，没想到自己心心念念地捧大了一个小叛徒，刚认识了新老师就不要妈妈了，可见小鱼儿对老师的依恋。后来依依向我苦笑，谁知道这样一个依恋老师的孩子，因为她的一句话就闹出了那样的难堪，还哭哭闹闹地吵着要离开，所以小孩的心思父母是读不懂的。

不是读不懂，是孩子太小，思维能力还没有形成，分不清是非，不明白父母说这句话的真正用意。而且孩子对"坏"有种天生的抵触，听见妈妈在说老师坏，就想当然的以为老师是坏人，所以吵着要离开。

我有一位亲戚，非常喜欢逗弄小孩子。但她逗弄的方式很特殊，总是喜欢把小孩子逗生气了。有一天，家里来了一个小孩子，她又把孩子弄哭了，孩子妈妈为了哄孩子，告诉孩子说那个亲戚是坏人，结果从那以后这个小孩子每次看见这位亲戚都大吵着赶这个亲戚走，而这个小孩子以后也再没去这位亲戚家玩过。

孩子的思维世界里，是非观念非常分明，只有好和坏两种界定。好，他们喜欢接近；坏，他们想办法避开。

在孩子面前批评指责老师，孩子就会单纯地判断老师是坏人，不愿意与老师相处。因为妈妈说老师不好，小鱼儿就不想上幼儿园了，就属于这种情况。那是因为老师对于小鱼儿的安全感，随着妈妈说老师不负责任而消失了。安全感是孩子幼年时期最重要的保护罩，一旦失去了，孩子就会手足无措。

相对于父母，老师在孩子面前还有一定的权威性。在孩子面前谈论老师，尤其是批评指责老师，这种权威性就会削弱，老师在孩子面前的形象也就会大打折扣，对于老师提出的规矩和要求，甚至老师教授的知识，都不去执行和接受。

其实，父母在孩子面前评价贬低老师，并不是和老师有什么矛盾，有时候仅仅只是发发牢骚，表达一下心中的不满，并不一定是让孩子不尊敬老师。可是孩子还小，尤其是学龄前的幼儿，他不明白这些道理，他对于一个人的评价容易受到别人的影响。如果评价者是他最亲爱的爸爸或者妈妈，那么孩子就会自觉地把老师排到"坏人"的行列。

亲其师，信其言。在养育孩子这件事上，父母和老师是一条战线上的战友，父母首先要信任老师。给老师应有的尊重，在孩子面前帮老师树立正面的形象，孩子才能跟老师亲近，孩子亲近老师，想让她不听从老师的话都难。

3 做"助教"是一种荣耀

为了锻炼孩子的动手能力，我喜欢给孩子布置一些手工作业。一天，我准备了许多字母纸卡分给小朋友，告诉他们把字母涂上自己喜欢的颜色，并把它们剪下来，贴在喜欢的图画上。布置这个作业，我是有用意的，孩子小，拼音字母又抽象，这样就能加深小朋友们对字母的印象，而且涂涂画画和剪纸，能很好地锻炼孩子小手的肌肉群，对他们将来拿笔写字非常有好处。我本来以为这个作业会得到父母的赞许，谁知道下班刚打开班级微信群，我这个幻想就被击得粉碎。

微信群里父母们密密麻麻在谈论：这是给孩子留的作业

吗？这么小的孩子，我可不能让他拿剪刀，记个字母用这样费劲吗？

看着密密麻麻的留言，我想到了不久前在网上看到的一个帖子：本科毕业生的我，不会做幼儿园老师布置的作业。帖子里说，自己是一个985大学的毕业生，面对儿子幼儿园老师布置的作业却犯了难，老师让父母帮助收集南非各个国家的国旗，并做成简报。这个毕业生慨叹，都说现在当一个妈妈不容易，还真是不容易，不仅要上得了班，带得了娃，还要懂世界地理。没想到是，这样一个"声讨帖"居然得到了许多父母的共鸣，帖子下面是一页一页的跟帖，自然都是痛斥幼儿园手工作业的，有的说老师的作业太奇葩，居然要幼儿观察蔬菜发芽，还要做成长笔记，小孩子哪会做笔记，这不明显布置给父母的吗？有的说居然让孩子用废旧纸盒做房屋模型，小孩子会做什么模型啊，还不是要大人帮忙，大人上了一天班，回家又有一摞的家务，哪有闲心坐在那儿陪孩子玩？

像我微信群里的留言一样，每条帖子都透出对幼儿园这类作业的不满。这不是我第一次看到这类帖子。逛论坛的时候，就经常看到父母不满幼儿园布置的手工作业，或者老师需要父母协助的帖子。他们认为幼儿园布置给孩子的作业，难度深，工作量大，不近人情，完全超出孩子的能力范围，归根结底是给父母布置的。更有父母在帖子后面加一句"我们把孩子送到幼儿园是受教育的，不是倒过来给老师做助教的"，他们对老师布置的动手作业是满满的埋怨声。

幼儿园布置的手工作业真的是在难为父母吗？答案自然是否定的。手工作业能锻炼幼儿的动手能力，还能锻炼眼手脑协调的运动能力，以及观察力、想象力及思维能力，对孩子的成长与发展有百利而无一害。就拿我这次布置的这个字母作业来说吧，我要求小朋友们用自己喜欢的颜色给字母涂颜色，并且剪下来，贴在喜欢的图画上。其中，用笔给字母涂颜色不仅可以锻炼孩子小手的肌肉群，还可以锻炼孩子拿笔的姿势，为以后系统写字打基础，而且还能锻炼孩子的观察力和思维能力。往一个规定的框架里涂颜色，我们成人看着简单，但对于一个幼儿来说却是一个大工程，他要调动眼睛、手和大脑一起参与才能够完成。涂字的过程必须专心，全神贯注才能把颜色完好地涂到格子里面，这无形中又锻炼了孩子的专注力。至于使用剪刀，作用和拿笔异曲同工，不同的是，用剪刀更能锻炼小手的肌肉群，让孩子的小手更加灵活。俗话说心灵一定手巧，把手训练巧了，头脑还会不聪明吗？小小的一项作业，同时锻炼了孩子的心、手、脑，是不是比价格昂贵的早教课程还有用？至于孩子小能不能用剪刀这个问题，更不是理由，有一种专供剪纸的儿童剪刀，塑料剪刀，绝不会伤到手。

　　我儿子瑞瑞小时候就非常喜欢做老师留的这个涂画剪纸的作业。每次他都认真地把格子涂满，剪下来，趴在地板上给他们排队，之后骄傲地告诉我："妈妈，你看，我给他们换上了新衣服。""快看，我给他们重新排队了。"看到他开心的样子，我就在心里感激他的老师，数字和字母对于一个孩子来说是多么枯燥和无趣，用这个类似游戏的作业，能让孩子喜欢上这些数字和字母。而我发现这个作业的另一个妙处是，儿子做什么事情都比以前专注了，以前三分钟凳子都坐不住，现在可以连续玩上半小时。要知道专注力可是孩子最重要的能力，许多不成功的孩子都是败在了专注力上。

　　现在的孩子普遍多动，我还想用这个作业把孩子"定在"椅子上、书桌前。谁知道竟然被父母们群起而攻之。

　　作为老师，我们布置的作业都是给孩子布置的，至于帖子中所说，超过儿童的能力范围，是父母过度解读了作业这两个字的含义。手工作业，主要是引导孩子们去"做"，锻炼孩子的动手能力，最后，作业做出来的效果怎么样，并不是我们关注的焦点。父母的过度解读在于，他们认为作业就一定要做好，并且做得近乎完美，所以调动自己的能力去帮助孩子把这份作业完成得更加完美。有一个好朋友和我反馈，她为了给儿子做一份老师安排的幻灯片作业，她居然找了两个做广告的朋友来帮忙。

朋友的事让我想起了我们班上发生的一件事。有一次我布置了一个手工作业，用废旧的纸盒制作一个房子的模型。整个晚上我都心心念念地想着，第二天孩子们会给我带来怎样的作品，孩子们的想法奇特，他们的作品一定会让我眼前一亮。结果交作业的时候，让我哭笑不得，全班25个小朋友，给我交上来25个精美的城堡。虽然材料是废旧的纸盒，但是整齐的剪裁，惟妙惟肖的图画，美轮美奂的镂空雕刻都让我一眼就能看出，这些作品都是出自父母的手。25份作业放在一起，整整一副高档别墅的样板房。而我布置作业的目的，是训练孩子手眼的协调能力，不是样板房创意大赛的比拼。

父母对作业的过度解读，让父母把成人世界的规矩带到了孩子的作业中来，认为要做就一定要做最好的，所以就使了浑身解数。他们不知道，老师布置这类作业的终极目的是锻炼孩子的动手能力、探索能力、思维能力、想象能力。几年前，一篇国外三年级的小学生写的作文就是议论文，关于调查报告的文章，这曾经在国内父母中引起过轩然大波，大家一致认为国外的教学方式先进，更适合孩子成长，而国内只是填鸭式教学。可幼儿园的动手作业，能真正培养、锻炼孩子的各项能力，父母却不让孩子动手去做，而由自己全部代劳，实在又有些让人费解。自然，不相信孩子已经长大，不舍得放手让孩子长大是最根本的原因，因为不相信，所以事必躬亲。包办代办让劳累了一天的自己又身心疲惫，力不从心，所以又发出当现代妈妈太不容易的感慨。养育孩子就是一个付出的过程，所谓有付出才有回报。也是一个体会得失的过程和一个放手的过程。而孩子的成长却是一个试错的过程，放手让孩子去做，孩子才会敢做。

　　有的父母气不过老师布置的手工作业，生气地说自己是在给老师"做助教"。这个说法我并不接受，教学过程中有许多事情都需要父母的配合。可是话反过来说，我觉得老师才是父母的助教更恰当。老师协同父母培养孩子，孩子属于老师的只是教学的几学期时光，属于父母的却是一生。而老师布置手工作业除了上述优点之外，还有一个更重要的目的，给父母创造一个陪伴孩子的亲子时间。现在的孩子太需要陪伴，尤其是父母的陪伴，父母忙于事业，又有许多琐事牵连，陪伴孩子的时间更是不多，一个做手工作业的机会，让爸爸妈妈和孩子亲亲热热地享一阵天伦之乐，骨肉之香，何尝不是一件美事。能陪伴孩子成长，让孩子有一个能够回忆的幸福快乐的童年，做孩子的"助教"又有什么不可呢？

4 孩子爱上老师是一种福气

好友小菲最近特别郁闷，她的女儿自从上了幼儿园之后，就把老师的话当成了"圣旨"，"老师说的"成了女儿的口头禅，说什么做什么都要补上"老师说的"这句话，而对她的要求却充耳不闻，还口口声声说老师比妈妈好，让她这个妈妈失落又难过。虽然说孩子愿意听老师的话是好事，但是妈妈的心里总会不时涌起一股醋意，那是自己捧大爱大的女儿，怎么可以这样依恋老师反而对她这个妈妈"视而不见"呢？

小菲慌慌张张地向我讨主意，是不是自己做得不够好，让孩子感受不到爱，孩子才"移情别恋了"？我听了哈哈大笑，告诉她，不是你做得不够好，是每个孩子都有一个依恋老师的过程。

一般说来，孩子在2～5岁的年龄段进入第一个心理反抗期，性格比较执拗，开始有自己的想法，不太喜欢听别人的话。他挑战的第一个人就是妈妈，妈妈怎样说，就偏偏不那样去做。而老师，首先是一个相对陌生的人，孩子面对陌生人时都有一种天生的惧怕感和信任感，所以比较喜欢听她的话。其次，老师作为专业的幼教人士，非常了解孩子的心理，能够更好地把握住孩子的想法，更容易得到儿童的接受和喜爱，听她的话就变得顺情顺理了。

瑞瑞在3岁的时候就进入了这个时期，3岁前几乎是我说什么，他做什么。到了3岁左右，就像换了一个孩子，无论我说什么他都摇着小脑袋说不好。后来瑞瑞上了幼儿园，这个问题更严重了。我说的话几乎在他那里都没有多少作用。他吃饭的时候，因为自己用不好筷子，吃得又着急，每次吃完，碗里碗外都是饭粒。所以每次吃饭，我就开始提醒他注意。可是不管我说多少次，他都吃得满是狼藉。后来瑞瑞上了幼儿园，一天吃晚饭的时候，我突然发现瑞瑞吃过的碗里干干净净的。我奇怪地问他："为什么这次把饭吃得这样干净啊？"瑞瑞瞪着小眼睛说："因为老师说了，饭是农民伯伯种出来的，很辛苦不能浪费。"我不服气地追加一句："妈妈以前也说过不能浪费啊！"谁知道瑞瑞竟悠悠地来了一句："你又不是老师。"当时我听了这句话也有一种酸酸的感觉，一样的道理，老师只说了一次他就听，而我说了千百遍，却丝毫没有作用。后来转念一想，不管怎么样，瑞瑞改掉了吃饭掉饭粒的坏习惯，不也是一件好事情吗！酸酸的感觉便淡去了。

　　孩子成长的过程，就是母爱逐渐分离的过程，接受孩子听老师的话、爱老师，是母爱的一次分离。虽然分离很疼，做妈妈的一定要收起玻璃心，好好利用孩子无条件听老师话这个特点，能帮助孩子改掉不少坏习惯。

　　3岁的涛涛最近早上起床不愿意穿衣服，无论妈妈怎么劝说都没用。一天妈妈生气地说："你们老师说什么你都听，妈妈说什么你都不听。你那么喜欢你们老师就让她当你妈妈吧。"没想到涛涛顺口就说："好啊，我愿意让老师当我妈妈。"涛涛妈妈听了心里也稍稍一酸。不过她没有太纠结这份情感，而是找到涛涛的老师，请老师帮忙告诉涛涛早上起床要自己穿衣服。老师听了妈妈的话，利用课间活动的时间，告诉大家，早上起床的时候要自己穿衣服。第二天早上，没用妈妈叫，涛涛就乖乖地自己把衣服穿上了。虽然涛涛穿衣服的时候，嘴里还是不停地嘀咕："我们老师让起床自己穿衣服的。"但是涛涛妈妈还是非常高兴，老师的一句话，把困扰她好久的问题都解决了。

因为孩子信奉老师的话，所以有时候父母也可以"假传圣旨"，依托老师的口，纠正孩子的不良习惯。

聪聪妈妈就经常用这个办法。4岁的聪聪和小朋友玩的时候总喜欢抢小朋友的玩具。一次，聪聪和小朋友玩的时候，又要抢小朋友的玩具熊，聪聪妈妈提醒聪聪："老师说小朋友不可以抢别人的玩具。"聪聪马上就收回了手。

孩子从进入幼儿园开始，就需要走出完全依赖妈妈的心理发育阶段，跟更多的人亲近和交流，老师就成了孩子情感转移的对象。在孩子的心目中，老师的地位是神圣的，他们依恋着老师，又"惧怕"着老师，形成了欲远还近的关系，孩子想亲近老师又不敢过去亲近，时间久了，势必会影响孩子交流沟通的能力，而爱上老师的孩子，就不会有这种顾虑，她们能熟稔地和老师交往、沟通，如此一来与他人交往的能力不仅不会被抑制，相反的能得到更全面的发展。

很多年以前英国儿童教育学家，经过长期的调查研究发现在幼儿园时期爱上老师，喜欢和老师交往的孩子，长大以后他们的社交能力普遍高于其他和老师保持距离的孩子。而美国儿童心理学家更做了一个有趣的跟踪调查，在幼儿园里同校长谈过话的孩子，长大后会更自信。因为在美国，部分幼儿园和小学都开设了校长接待日，这一天校长的职责就是接待想和他谈话的小朋友。所以孩子爱上老师是好事情，妈妈要多理解孩子的这种行为，不要和老师"争宠吃醋"，完全信任老师，老师才会交给我们一个满意的孩子。

5 帮老师在孩子心中树立权威

　　我的亲子时间有时候是陪儿子看电视节目。有一天，我们看到一个儿童题材的小品，讲的是一个小女孩和她的爸爸在车站等车的故事。两个人正在等车，来了一个农民工阿姨。这个阿姨因为急着赶车，把背包落在了椅子上，小女孩拿到包要交给警察叔叔，说是老师说的。爸爸听了马上打断女儿的话，告诉她别听老师的，捡到东西后要拿回家里再说。不巧的是，爸爸的火车票掉在地上，女儿捡到了，可是女儿记住了爸爸的话，并没有告诉爸爸，结果两个人错过了乘车。节目很短，也没有太大的曲折，之所以对这个小品印象深刻，是因为我注意到里面的一个细节，那位爸爸一再告诉女儿——别听老师的。

"别听老师的"，生活中，我们也经常听到这句话。

两个孩子发生了矛盾，一个孩子被另一个孩子打哭了。被打哭的孩子回到家里告诉了父母，知道了事情的原委，孩子的奶奶想都没想就说了一句："他打你，你不会打他。"孩子撇撇嘴，委屈地说："老师说过，打人不是好孩子。"奶奶心疼地搂着孩子，说："别听老师的，下次有人打你就打回去。"

森森从幼儿园回到家里，咕嘟咕嘟喝了半杯水，妈妈看见了，心疼地问："渴成这样，在幼儿园里没喝水吗？"孩子擦了擦小嘴，说："老师说了，要下课的时候统一喝水。"妈妈爱怜地抱过孩子说："别听老师的，下次渴了就喝水。"

所有人说所有话都是有一定的道理的。奶奶之所以说出这样的话，是因为心疼孙子受了委屈。而让孙子受委屈的是因为老师交代过"打人不是好孩子"这句话。如果不是老师叮嘱过，孩子没听老师的话，可能就避免了被打的委屈，所以奶奶气愤地说"别听老师的"。森森的妈妈同样从心疼森森的角度出发，如果森森不听老师的话，渴了就喝水，就不会像许久没喝过水一样，回到家里就咕嘟咕嘟喝个没完。所以她告诉孩子

"别听老师的"。

他们说出这句话时一定没想到后果：小孩子因为不用听老师的话，有人招惹的时候迅速举起了小拳头，小孩子做什么事情都没轻没重，结果原本的受害者就很可能变成了施害者。

森淼如果不听老师的话，上课的时候随便喝水，随便走动，不仅破坏了课堂纪律，影响小朋友们上课，还会让她养成随心所欲，不遵守规则的坏习惯。

每年新接小班的时候，总有父母对新入园的孩子说："要上厕所就和老师说，别害怕。"也总有父母不放心地和我说："我们家孩子胆小，他想上厕所的时候，你就让他去。"更有父母直接告诉孩子："想上厕所了就自己去，不用和老师说。"我理解这些父母的心情，小孩子刚离开他们的怀抱，什么都不放心。可是，这样的叮嘱会给孩子一个什么印象呢：幼儿园和家里一样，想干什么就能干什么；公共场所和家里一个样，想怎么样就怎么样。

默默就是经常听父母告诉他"别听老师的"的孩子。那年默默刚上幼儿园，也是因为心疼默默的原因，上学第一天默默妈妈就和我说，默默在家经常上厕所，请我不要阻止他，让他随时去。第二天默默妈妈又来跟我说，默默要上厕所的时候，不敢和我说，所以，让默默要上厕所的时候，就别和我"请假"了。还没等我答允，她就跑过去告诉默默，上厕所想去就去，不用和老师说。结果默默非常听妈妈的话，课堂上，他随时离开座位走出去，有时候一节课要出去好几次。有一次，我尾随默默出去，发现他根本没去厕所，只是在走廊里走了一圈，默默一次次出去都是在撒谎。当我把这个情况反映给默默的妈妈时，默默的妈妈大吃一惊，她怎么也不敢相信，才4岁的默默居然学会了撒谎。

默默妈妈还不知道，除了学会了撒谎，默默还有一个更可怕的情况，他不听老师的话。无论我有什么要求，他都置之不理，在我所有的命令中，他是执行最慢的那一个，往往看见别的小朋友做了，他才后知后觉地去做。除了我行我素的在课堂上说走就走，不守纪律外，其他的所有行动都是看着别人行动才行动。

老师教授的和让遵守的，都是幼儿应该了解并遵守的行为规范，有助于培养幼儿良好的学习和生活习惯，遵守社会的规则和秩序，告诉孩子"别听老师的"，就等于告诉他们，可以不遵守这些规则。父母的权威性永远大于老师的权威性，所以，从告诉孩子别听老师话开始，孩子就已经搭上了不用遵守秩序的快车。

另一方面，幼儿年纪尚小，还不能彻底分清家人所说的"别听老师的"这句话的真实用意，他们不知道具体什么时候不能听老师的话，什么时候该听老师的话，以为有了家人的特赦，就可以什么都不听老师的话，不仅生活常识、规则不听老师的，就连课堂上的要求，也开始不听老师的，长此以往，后果不堪设想。幼儿时期，老师算是能约束孩子的人，父母给孩子打开了可以不听老师的闸门，孩子就变得更加难以约束。

父母说"别听老师的"，也是从爱孩子的角度出发。玩滑梯，别的孩子都不排队，自己孩子排队玩不到，心急，给孩子出一个可以不用听老师的"下策"；孩子想要帮助乞丐、残疾人，父母告诉他不用听老师的，或者可以避免孩子受骗，资助假乞丐等。但是这种行为的背后折射出一个深刻的问题，孩子的心灵正应该是被正能量浇灌的时候，父母所谓的"为孩子好"，可能给孩子一个错误的暗示，递出了一份负能量。在孩子的心里，老师等同于规则，别听老师的就等同于不用遵守规则。

　　有许多父母问我：为什么我的孩子总是什么都不懂，那么不守规则呢？我总会问他们："你们有没有告诉孩子，别听老师的话？"虽然你只是告诉孩子，个别的时候不用听老师的话，但是，孩子真的分不清什么时候该听，什么时候不该听。而最好的教育方式是，帮助老师在孩子心中树立权威，认同老师，接纳老师，父母应该和老师一起撑起教育孩子的大伞。

第 6 章

孩子为什么有两张"脸"

在家里蛮横霸道简直是一个小霸王，在外面却温顺得像只小猫；在爸爸面前懂事得像是来自外星的孩子，在妈妈面前马上恢复了"小磨人精"的面孔。难道孩子天生就是优秀的演员？答案是否定的。错误的教养方式正在把孩子变成了"两面派"。

1　严厉也要讲分寸

　　有一天我收到一条微信，点开后是好友丽文的留言：都说娇惯孩子会让孩子变成一个"熊孩子"，为什么我对孩子的要求那么严厉，我家孩子还是一个"熊孩子"呢？

　　留言下面是她儿子松松的老师发给她的长长的聊天记录截图：宝贝儿在课堂上总是打断老师的话，让我的故事都没有办法讲下去；宝贝儿午睡的时候自己不睡觉还打扰其他的小朋友；宝贝儿差点儿把其他小朋友推到水盆里……

　　截图后面是丽文一段长长的话：我对他真的非常严格的，有时候连我自己都怀疑是不是孩子的"亲妈"了，他怎么还是这样呢？

　　话虽然是开玩笑的语气，但我也能了解丽文的心情。丽文在我的朋友圈里对孩子要求严厉是出了名的。为了不让孩子变成一个不好管教的"熊孩子"，丽文不仅给松松定了很多规矩，还定了很多违规后的惩罚条例，每次孩子犯错，她都监督着一丝不苟地执行惩罚。有一次，松松因为想着看喜欢的动画片《猪猪侠》，练琴的时候不好好练，她就罚松松靠墙站了半个小时。还有一次，她带松松外出玩耍的时候，松松对小朋友说了一句脏话，回到家里不仅打了松松手心，还没收了给松松买的糖果。那时候松松才两岁多一点儿，刚学会稳稳地走路和说简单的话，当时我们都在场，还都劝她松松还太小了，管得再严孩子也记不住，可是她不同意，还说不让一个坏毛病在松松身上遁形。在丽文身上从来没出现过娇宠松松的事情。可是如此这般严厉的管教，孩子还是一个"熊孩子"，真心让人接受不了。

　　世上没有不好的孩子，只有不会管教的父母。松松的情况，问题出在管教方式上，孩子被管教得太严厉了。万事有度，太严厉的管教有时候并不能很好地约束孩子，反而会引起孩子心里的叛逆。

丽文曾讲过发生在松松小时候身上的一件事情。有一次，因为松松犯了一个错误，丽文狠狠地惩罚了松松。谁知道晚上吃饭的时候，怎么找松松也找不到了，丽文吓得六神无主，赶紧给亲戚朋友打电话。这时候，住在对门的邻居过来敲门，告诉丽文松松在自己家里，只是松松说什么也不肯回家。丽文过去接松松的时候，松松撅着小嘴和丽文斗气："你不是总不喜欢我吗？我要敏敏阿姨做我的妈妈。"敏敏阿姨就是丽文的邻居，松松的话让丽文哭笑不得。每当提起这件事丽文就开玩笑地和我们说："小小年纪就知道离家出走了，你说说哪有这样的孩子。"

松松的情况很容易理解，孩子幼年时期，最重要的就是安全感，他还不太懂得管教对于他的重要意义，过于严厉的管教首先让孩子想到的就是自己的妈妈不喜欢自己了。小时候的安全感一旦被破坏，想要重新建立起来就需要很长一段时间。而人都有避险的天性，安全感一旦被破坏，孩子通常都会用消极、极端的方式来处理，松松地"离家出走"就属于这种情况。过于严厉，孩子体会到的只有不爱。

演员陈道明就吃过过于严厉管教孩子带来的苦果。陈道明有一个女儿，为了不让女儿染上当下孩子娇气的公主病，陈道明对孩子的要求非常严格。有一次春节，陈道明想着好久没陪女儿了，于是忙完工作他就立刻赶回家，打算带女儿和妻子出去逛逛。他到家的时候，看见女儿正在客厅里玩得高兴，他也高兴地和女儿玩了一会儿，此时他突然看见女儿身边有一本绘本，就翻开来问女儿书上讲的是什么故事。女儿玩得正高兴，根本没心思回答他的问题，陈道明连叫了两次，女儿都没有过来，直到他叫第三次时，女儿才跑过来。谁知道陈道明一下子把脸沉了下去，厉声命令女儿："靠墙站着去。"原来陈道明早就给女儿定下过规矩，大人叫的时候要马上过来。为了惩罚女儿不守规矩，他和妻子此次出去的时候就没有带上女儿，而是把女儿交给了家中的保姆。因为管教得太严格，陈道明的女儿和他一点儿都不亲，让他几度在节目中后悔当初对女儿管教过于严厉了。

过度的管教，会严重影响亲子关系。几年前，我教过的班里有一个叫博文的小朋友，和别的小朋友不同的是，他的爸爸心中有一个武术梦，为了让儿子帮他圆梦，博文还很小的时候，爸爸就带着博文练功，如果博文偷懒耍赖，或者动作不规范，都会受到严厉的惩罚，因此博文非常不喜欢爸爸。有一次博文上课的时候，我接到博文爸爸的电话，说他出门了，放学后他让别人代替他接一下孩子。当我把这个消息告诉博文时，小博文高兴地从椅子上跳了起来。事后他告诉我，他最不喜欢爸爸，也不希望爸爸在家。

孩子有种天性，即不喜欢就抵制。被严厉管教的孩子身上往往有更强烈的叛逆行为。有时候因为惧怕管教者对他的惩罚，会稍微听话一些，但是一旦离开这个管教者或者环境，他就会释放叛逆的天性，不服管教。

教育讲究春风化雨，丝丝入心。管教可以，但是一定要有度，才能真正在孩子心里起作用。

与孩子相处最重要的一点就是要尊重。一味地严厉管教，孩子体会不到被尊重，就像被羁押的"木偶"，本着叛逆情绪的指引，孩子会在守规矩这条路上越走越远。严厉不等于严格，管教不等于管制。

2　扎心的讨好型孩子

逛网站，看到一个扎心的视频，一个4岁的小女孩一个人跑到了大街上，被民警带到了派出所。刚一进派出所，小女孩就撅着嘴萌萌地告诉警察："警察叔叔，我爸爸把我弄丢好几次啦。"可是，当小女孩的爸爸到派出所接她的时候，一见到爸爸小女孩扑到爸爸身上竟然大喊着："对不起爸爸，我把自己弄丢了。"与刚才指责爸爸时简直是判若两人。

一个4岁的小朋友，因为走失而向爸爸道歉，怎么听着都让人心里酸酸的。如果这是一个娇宠的小女孩，她是不会想到向爸爸道歉的，她分明是在讨好爸爸。

讨好是一种向人示好的行为。一个纯净的小孩子，怎么会有这种心思呢？儿童心理学家给出的答案是因为孩子内心安全感的缺失。孩子内心里缺乏安全感，才向外界去寻求帮助，而示好是他能想到的最行之有效的办法。

当当就是一个特别懂得讨好别人的孩子。一次，几位好久不见的亲戚到当当家里做客，晚饭后大家提议一起去逛超市，亲戚家的一个阿姨问当当："你喜欢喝什么牛奶啊，阿姨给你买！"当当看了看站在一边的妈妈，甜甜地说："只要是你买的我都喜欢喝。"阿姨一下子笑了，宠溺地刮着当当的鼻子："你可真是个讨人喜欢的鬼灵精啊。"

论可爱，当当的确是一个鬼灵精，好像她的身体里装了一个扫描仪，可以随时读出别人的心思，说出的话总是像抹了蜜那般讨人喜欢，就连和爸爸妈妈说话也一样。一次，爸爸要带当当出去玩，临出门时爸爸问当当："你喜欢去游乐场还是喜欢去动物园呢？"当当不直接回答，却说："你说去哪儿我们就去哪儿，去哪儿我都喜欢。"在课堂上，老师请她挑一支喜欢的彩笔涂颜色，她抬头看了一下老师，说："老师，你喜欢什么颜色的啊？"当当就像一个没有自己的思想和喜好的孩子，完全按照别人的喜好来做事，乖巧得让人心疼。表面上看，当当乖巧懂事，细细思量，里面藏着不少成长危机。

心理学家萨提亚将人的人格特点分为五类：讨好型、指责型、超理智型、打岔型、表里一致型。当当就属于典型的讨好型人格。小时候讨好别人，长大了形成习惯和思维定式，总是按别人的喜好做事，很难活出自己。

心理学家经过研究发现，每一个讨好型的孩子身边都有一个不耐烦的父母。这句话用在当当的身上我觉得非常有道理。我见过几次当当和妈妈接触的时刻，一次是在放学时，当当在慢悠悠地整理着文具盒，妈妈过来接她，不耐烦地在一边催促她快点儿，走路的时候也一样，一直在催当当快点儿，当当几乎是小跑着才能追上她急躁的脚步。另一次是在车站等车，那天我们竟然同时在候车室等车，当当妈妈倚在椅子上玩手机，只要当当靠过去，妈妈就不耐烦地把当当赶到一边去。当当曾经伤心地和我说过，妈妈不喜欢她。虽然她的想法也许是错误的，但是从妈妈不耐烦的表情里，实在看不出妈妈对女儿该有的样子。孩子总是从最直观的感受去判断事物，妈妈的冷淡和不耐烦让她认为妈妈不喜欢她，她只有用讨好来赢得妈妈的关注。

视频中小女孩的爸爸一定也是一个不耐烦的爸爸，所以小女孩见到爸爸第一句话不是撒娇，而是道歉。

当当曾经和我说过一句让我难受好久的话，当当说："妈妈总赶我，只要我哄她她就不赶我了。"哄就是一种讨好。

讨好型的孩子最可怜，他们的小小心思几乎每天都受着"别人喜不喜欢我""爸爸妈妈会不会不高兴"的煎熬。原本无忧无虑的年龄就要为被不被喜欢而"殚精竭虑"。而一旦讨好成为他的生活原则，将来他很可能把自己放在他人的喜怒哀乐之下，很难听从自己的想法，这样的人离幸福会越来越远。

3　小霸王的第二张脸

　　上课铃早响过了，其他的小朋友都已经乖乖地坐在椅子上，北北还搂着妈妈的腰不撒手，任凭妈妈怎么劝也不放开。气得北北妈妈大声冲着北北吼着："在家的时候怎么那么厉害呢，上个学就哭成这样？"谁知道听见妈妈这样一说，北北哭得更凶了。

　　爸爸带着湾湾参加宴席，其他的小朋友扬着笑脸在大厅里玩耍，只有湾湾，黏在爸爸的身边，任凭爸爸怎么哄劝，其他的小朋友怎样召唤他也不肯离开。而在家里，湾湾是一个能把小姐姐气哭的霸道小孩儿，只是一到外面就换了另一个样子，让爸爸妈妈又疼又痛，怎么家里那个"凶"小孩儿，一到外面就变成了"熊"小孩儿？

生活中有许多这样让爸爸妈妈纳闷的孩子。他们在家里遮云蔽日，能把家的房顶掀起来，可一旦到了外面就羞羞的像一只小花猫，家里家外完全是两种样子。

北北每天早上到幼儿园都会发生前文中的那一幕。北北已经在我们班上了两个学期了，可是还是没有一点儿改变，每天早上都要一直哭到上课。气得北北妈妈不止一次和我抱怨，真不知道这个孩子是怎么回事，懦弱又胆小，一点儿都不像一个小男孩。

北北的确不像一个小男孩。除了每天早上会哭到上课，班里的任何游戏他都不愿参加，有时候还会一个人坐在一旁偷偷抹眼泪。要是哪个小朋友不小心碰到他，更是哭起来没完。有好几次我白天的空闲时间都是用在了哄北北上。

而北北的表现和妈妈口中的北北完全不一样。北北妈妈说，北北在家里是个十足的小霸王，说一不二，每个人都要听他的。除了小霸王，北北在家里还是小魔王，每天在家里上蹿下跳，生龙活虎，好像全身充满了活力的因子，没有一刻安静的样子，完全与在学校懦弱好哭的样子判若两人。

北北妈妈请我想办法改变一下北北，毕竟一个离不开妈妈又爱哭的男孩子，上小学会过得很辛苦。

为了帮助北北，我向北北的妈妈了解了一下北北的家庭情况。北北并不是家中唯一的孩子，他还有一个姐姐。当时因为家里非常想要一个男孩，才有了北北。北北凝结着大家对未来的所有希望，所以全家人对北北都分外疼爱。尤其是奶奶和爷爷，每天"大孙子，大孙子"不离口。爸爸妈妈也一样，小时候没事的时候，总是把北北抱在怀里，后来大了，不需要抱了，也是每天牵着北北的手，一刻看不见都不行。因为这份疼爱，小时候只要北北提出任何要求，全家人都会不遗余力地满足。有一次冬天，北北想吃冰糖葫芦，爸爸骑着自行车出去找了一个多小时，才给北北买回来。在家里，更不用说了，他就是家里的小皇帝和小霸王，谁也不能招惹他，为此爷爷还专门制定了一项规定"谁也不能惹北北不高兴"，谁要是惹北北不高兴，爷爷就和谁过不去。所以在家里，几乎是北北想怎么样就怎么样，结果北北十岁的姐姐，不止一次被北北弄哭了。

北北妈妈实在想不明白，全家呵护长大的孩子，出了家门竟然变成一只羞答答的小花猫，不仅不说话，还哭起来没完没了。北北是男孩，可他身上哪里还有一点儿男孩的影子，这让她分外心焦。

我理解她的心情。不同于生来就胆小内向的孩子，北北在家里生龙活虎，在外面温顺如猫，这种冰火两重天的性格，不得不让人担心孩子的将来。

人的头脑就像机器或者计算机，每一个头脑只能运行一套程序，如果有两副不同的程序参与其中，孩子一定找不到成长的方向。

全家人都太溺爱北北了，也因为珍爱和心疼，所以全家人都围着北北转，什么都让着他，这就让北北有了一个错觉，认为自己就是中心。可离开了家庭，到了外面，都是同龄的小朋友，没有人再让着他了，这时北北心理就严重不适应了。更重要的是，北北觉出自己再不是中心了，巨大的心理落差让北北更不知道如何去面对，只好选择一个人独来独往。幼儿时期安全感一旦消失，幼儿便会发生恐慌。随之到来的是启用机制保护自己，就像一只小鸟，为了躲避危险把自己藏在巢穴里一样，以保证自己在小世界里不受伤害。而回到家中，又是熟悉的场景，属于孩子的天性又被释放了出来，所以就又变得肆无忌惮了。

孩子在家里尽情地释放自己，在外面却压抑着自己，时间久了势必对性格的形成和人格的成长产生巨大的影响。

大多数孩子在家里都是说一不二，娇宠之至。一旦他们到了不熟悉的场合，一旦心理承受力弱就势必会出现北北和湾湾一样的情况。为了防止孩子像他们一样，有着家里家外两张脸，父母就要从源头想办法。

面对北北妈妈一样焦急的父母，我都会给出如下的建议。

第一，尽早培养孩子的独立性。孩子迟早要自己面对这个世界，越早给他这个世界的门票，孩子就会越早熟悉这个社会的规则，被社会接纳。

慧慧的妈妈在慧慧很小的时候，就开始教慧慧穿衣服、穿鞋子、洗漱等简单的生活技能。当时慧慧的奶奶非常不理解，觉得妈妈这样做真的没有必要，后来随着慧慧年龄的增大，优势就显露了出来，慧慧做什么事情都非常独立，有主见，很少需要人帮忙，到了外面的任何场合，也落落大方，毫不怯场，奶奶这才知道慧慧妈妈的做法是正确的。慧慧妈妈让慧慧早早认识了这个世界，世界就早早地向慧慧敞开了大门。

第二，要为孩子提供一个合理的生活制度和行为规则，帮助并协助孩子，让他做自己的主人。

浅浅是一个充满自信和力量的小朋友，浅浅的妈妈分享了让她散发着自信光芒的原因。在浅浅还很小的时候，她就帮浅浅制定了生活和行为的规则，并且引导孩子执行。3岁的时候，浅浅就能自觉地去睡觉，4岁的时候外出游玩的衣帽都是她自己选择并且整理的。现在无论浅浅到任何一个新的场合，她都能很快适应。

第三，要尽量给孩子多提供和同龄小朋友玩耍的机会，只有和小朋友在一起，孩子才会真正学会与人和平相处。

孩子的玩伴始终应该是孩子，父母再体贴的呵护都不能代替孩子和小朋友们在一起。虽然现在多数的家庭都是一个孩子，但是公园、游乐场、广场等一些公共场所还是能让孩子找到自己的朋友。蓝蓝的妈妈在蓝蓝会走路的时候就每天带她出去找小朋友玩，蓝蓝上幼儿园的时候，就很自然地和小朋友们玩在了一起，北北和湾湾出现的情况在蓝蓝的身上从来没有出现过。

孩子需要成长，放手才是爱，过多的关注，对于孩子来说也是一种伤害。我告诉北北的妈妈，在家里要适当地放松对北北的关注，打破北北"自我中心"的想法，每天送北北上学的时候，不要拉着北北的手不松开，而是要转身离开。开始的时候，北北依旧大哭着叫妈妈，后来看到叫不回妈妈，竟然也不哭了。现在的北北已经适应了早上妈妈送自己到幼儿园后就离开这件事了。

该放手的时候就放手，才是对孩子最好的爱的方式。

4　"被"出来的特殊孩子

　　"老师，我们家孩子胆小，烦请你多照顾照顾。"新学期开学第一天，我刚走到教室门口，一个妈妈就急匆匆走过来拦住我说。我轻轻应了一声，开始寻找妈妈说的那个孩子。顺着她的手指，我看见一个梳着马尾辫的小女孩坐在座位上。"老师，你看见了吗，就那个！"害怕我找不到，那位妈妈又指了一下。补充说："我女儿胆子非常小，你一定要帮我多照顾一下。"我微微点头，这个小姑娘看起来是胆子挺小的，别的孩子都在交头接耳地说话，只有她坐在座位上不说话。

　　送走父母我回来上课。师生互动的环节，我提出一个问题，请小朋友回答，全班的小朋友几乎都举手了，只有这个小姑娘还把手放在桌洞里。这是一个非常简单的题，按理说她能回答得出来。我好奇地走过去，问她："你为什么不举手呢，你不会吗？"小女孩轻轻摇了摇头："我怕说错了。"我在心里叹了口气，回答问题都不敢，看来真像她妈妈说的，是一个胆小的孩子了。

我没想到，在接下来的自由活动课上，我又一次见证了她的胆小。操场上有一架大滑梯，其中有两个长滑道，一个短滑道。为了好玩，大多数的小朋友都会选择在长滑道前排队，只有这个小姑娘却站在了短滑道前，不过她也不像其他孩子那样快快乐乐地上上下下，而是小心翼翼地迈台阶，下滑梯。那种想玩又不敢玩的样子让人看了又难过又心疼。我走过去牵着她的手告诉她玩滑梯只要抓稳了，就非常安全，并且抓着她的手带着她走上滑梯，下来的时候也在出口处等着她，让她直接扑进我的怀里。玩了几次之后她的胆子放开了，上上下下滑滑梯的速度也跟着加快了，有时快得都要我随时提醒她慢一点儿，才能拽住她急切的脚步。等她终于停下来，我不由地逗她："你现在不害怕了吗？"她抿着嘴摇头，没有时间答我，而是排在了长滑梯的队伍里。看着她快乐跑过去的身影，我忽然有一种感觉，她不是胆子小，而是"被胆子小"了，因为妈妈一直在告诉她胆子小，结果把她变成了一个做什么事情都小心翼翼的人。生命个体，尤其是孩子，是生活在其他人的经验和评价里，亲近的人给他一个什么样的标签，他就会把自己定义成什么样的人。

美国著名的心理学家罗森塔尔曾经在20世纪做了一项这个选题的实验。这天罗森塔尔和助手来到班级中，提了几个简单的问题，并且找了几个孩子来回答。几个孩子按照他的要求回答完之后，他交给了校长和老师一份写着其中几个孩子的名单，并告诉他们经过刚才的问答，他发现这几个孩子非常有潜力，将来一定不可限量。八个月后，奇迹出现了。凡是上了名单的学生，成绩都有了较大的进步，而且各方面都表现得很优秀，而没上名单的孩子的成绩多数是原地踏步。是罗森塔尔眼光独到仅通过简单几句话就判断出哪个孩子有十足的潜力吗？当然不是，而是他撒了一个"权威性谎言"，而孩子们相信了这个"谎言"，在心理上认为自己就是一个优秀的孩子。这就是心理学上暗示的力量。给孩子贴标签也是一种心理暗示，孩子通过这个暗示，给自己"深层洗脑"，接受大人给贴上的这个标签。

强强是我们班上另一个被家人贴上标签的孩子。刚开学没几天，强强妈妈就找到我，告诉我强强在家的时候非常蛮横和淘气，喜欢打人，让我一定要对强强管得严一点儿，不然打了谁都不好。还是第一次有父母这样介绍自己的孩子的，我打算向她详细了解一下强强的情况，谁知道还没等我张口，好像是要验证妈妈说过的话一样，强强挣脱妈妈的手，一下子推向了身边站着的另一个孩子，孩子被推倒了，站起来哇哇大哭。气得强强妈妈在强强屁股上狠狠地踢了一脚，可是还没过几分钟，一个小朋友从我们身边经过，强强就伸出小手迎了过去，要不是强强妈妈拦得及时，我估计小巴掌又落在那个小朋友身上了。

因为这次打人事件。在园里活动的时候，我非常关注强强。我发现强强真的好打人，他打完一个小朋友，就使坏地疯狂跑掉，再去打其他小朋友，强强真的就像一匹疯狂的小野马。可他又完全不像真心的在打人，他跑开之后总是站在不远处看小朋友的反应，如果小朋友追他，他就会继续跑，如果不追他，他会再返回来"重打"一次，这一跑一停更像是在玩。看来他喜欢打人只是呈现出的表面现象，可能妈妈看过他打别的孩子，就给他贴上了打人的标签。其实在强强的心里是非常想和小朋友一块玩耍的。

为了证实自己的判断，放学的时候我问强强的妈妈："什么时候发现强强喜欢打人的呢？"强强妈妈想了想说："也记不太清楚了，只记得有一次看见他打小朋友就提醒一下，没想到那次提醒之后，他打人的数次就更多了。"强强妈妈说完，满是狐疑地看着我，我知道她想让我告诉她"为什么阻止了孩子打人之后，孩子反而变得更爱打人了"的答案。

说答案之前，我给她分享了不久前我在知乎上看到的一个提问及答案。

这个提问非常有趣：你小时候有哪些"被"体验？大概主题是被什么事情触动了敏感的神经，才会想到提这个问题。答案比问题还有趣，多数都是分享自己被大人贴上的标签。一个回答者说小时候吃鸡蛋的时候，脸上偶然起了个小包，她奶奶就认定她吃鸡蛋过敏，从那以后便开启了禁吃鸡蛋模式，以至于现在长大成人了，她还相信自己鸡蛋过敏这件事。而实际

情况呢，一次一个不知情的朋友请她吃了鸡蛋馅的饼，结果她
什么情况也没有发生，这时她才知道自己吃鸡蛋并不过敏。最
后，她还加上一句：因为吃鸡蛋时不巧地长了一个小痘痘，奶
奶给我贴上了吃鸡蛋过敏的标签，害得我少吃了多少鸡蛋啊！

　　强强妈妈问题的答案就是：强强妈妈看见强强打了人，
就给强强贴了他喜欢打人的标签，而那样小的强强并不能真正
理解打人的含义。在强强的意识里，打和拍是一个动作，都是
在和小朋友一起玩。不巧的是，妈妈看见了把事情变得复杂起
来。强强和知乎的答主一样，被"被打人"了。

　　"被胆小""被害羞""被打人"生活中有多少孩子背着
"被"的标签。

　　琪琪有些害羞，不太容易和其他朋友玩到一起。琪琪妈妈
带琪琪外出的时候，介绍琪琪，总是先把这个特点介绍出去：
"我们家宝贝儿害羞，和谁也不玩。"结果妈妈越这么说琪琪
就越害羞，每次出门时琪琪总是黏着妈妈，无论谁来找她玩，
她都不去。

　　其实每个小朋友都有着爱玩的天性，虽然有的小朋友略有
些内向和害羞，但他们的内心也极其希望结识新朋友，并和小

朋友一块玩，如果妈妈鼓励他一下，他就会迈出那一步，可是妈妈错误的论断会让他认为自己就是这个样子的，不该和小朋友玩了。

著名文学大师胡适在他的一篇文章里讲到他小时候的一段往事。胡适小时候就是一个腼腆的孩子，他很博学，读了很多书，知道了不少知识，大家都叫他小先生。有一天，他蹲在家门口和小朋友们玩游戏，一个过路的人走过来，看见他在玩，说："想不到小先生也玩游戏啊？"胡适便羞红了脸回到了院子中。他说从那以后，自己再也没玩过那个游戏，其他的游戏也很少玩了，因为他觉得自己是"小先生"，不能玩游戏。

小孩子都有胡适一样的心理，给他下论断的人是爸爸妈妈或者其他最亲近的人，这样一来，孩子就错误地认为自己就该是那个样子了。

虽然每个孩子都有各自的性格和脾气，都是不同的个体，但是他们的心里都是渴望有朋友，渴望爱的，是爸爸妈妈贴在他们身上的标签让他们变成了一个另类的孩子。所以父母不要轻易地给孩子贴标签。标签一旦贴上去，将很难撕下来。

5 孩子的最大心事

今年初，因为生意上的事和一些琐碎事，我和老公的情绪都不是很好，常常一言不合就吵起来。有一次我们争吵得异常激烈，先是我情绪激动摔了他的手机，他一见状也生气地摔了我的花盆，我们爆发了结婚以来最激烈的争吵。望着满地狼藉，我大哭着喊着要离婚，老公也留下一句"离就离"甩门而去。之后虽然没有真的去离婚，但是家里也一直弥漫着离婚的硝烟，争吵不断。

一天，我们又发生了争吵，老公依旧甩门而去，留下我一个人坐在沙发上流泪。正哭得伤心，儿子不知道从什么地方走过来，坐在了我的身边。他一边用小手为我擦眼泪，一边小心地问我："妈妈，你和爸爸要离婚吗？"我被刚才的吵架气昏了头脑，想都没想随口问了一句："如果我和爸爸离婚的话，你跟谁啊？"我本来认为他会说跟妈妈，谁知道他大嚷了一句"谁也不跟"就跑了出去。他跑出去我也没当回事，只当是小孩子说的赌气话，谁知道过了几天，我发现儿子变了，他变得安静了，不再像小燕子一样叽叽喳喳地围着我们转，而是喜欢安安静静地坐在角落里。

开始的时候我认为是孩子长大了，知道收敛了，过了几天我才发现根本不是那个样子，儿子明明是郁郁寡欢。他不仅不再说话和疯闹，还很少笑了，以前看到好看的电视节目疯笑起来没完，现在只淡淡地笑一下就隐去笑容，好像有一块巨大的石头压在他的心底，让他不能畅快地欢笑一样。这让我很是纳闷，他一个小小的孩子，怎么会有那样大的心事，让他连笑的愿望都没有了呢。一天，我疑惑地问他："为什么你好像总是不高兴呢？"谁知我刚问完，儿子就掉下了眼泪，他哭着说："你们俩天天吵架，天天吵着离婚，我不知道你们会不会离婚？"

儿子的话让我心头一酸，我接着问："那你是希望我们离婚还是不希望我们离婚呢？"谁知道儿子抬头看看我问："妈妈，我当然不希望你们离婚了，你到底会不会和爸爸离婚啊？"

他的问话让我惊出了一身冷汗。我才知道我们的冷战对儿子的伤害有多大，这么一个小小的人，每天想的是爸爸妈妈会不会离婚，每天最怕的是看不到爸爸或是看不到妈妈，每天都在纠结是和妈妈过还是和爸爸过，这对于一个5岁的孩子是多么残忍。孩子是需要安全感的，我们争吵的这一段时间，严重破坏了孩子的安全感，让他恐慌，让他害怕，所以他才变得郁郁寡欢。我肯定地告诉他爸爸妈妈不会离婚，并且把孩子的话告诉了老公，我们商定，不再提离婚，更不能在孩子面前吵架。因为爸爸妈妈就是孩子的城堡，爸爸妈妈要离婚预示着这个城堡要坍塌，而这个城堡的坍塌对于孩子来说就是世界末日。孩子的世界太小，只有父母。

有一个儿童微电影。影片里有一个小男孩叫佳佳，他的爸爸妈妈经常吵架，有一年六一儿童节，佳佳的学校要举办校园亲子活动，要求每个孩子的爸爸妈妈都必须参加。谁知道这时候佳佳的爸爸妈妈正在吵着离婚，而且吵得异常激烈，根本没有时间，也没有心思参加学校的活动。佳佳不希望爸爸妈妈离婚，更不希望爸爸妈妈不参加活动，于是偷偷地把家中的户口本和爸爸妈妈的结婚证藏了起来。他天真地以为这样就能阻止爸爸妈妈离婚，谁知道，爸爸妈妈虽然没有找到证件，但是爸爸却从家里搬了出去，形成了事实上的离婚。佳佳接受不了这个现实，趁妈妈上班不在家的时候，背着书包离家出走了，当爸爸妈妈发现佳佳离家出走后，开始满世界疯狂地寻找……

影片的最后一个镜头是佳佳站在一栋高楼的楼顶，我不敢去想接下来的结局，只知道佳佳那颗心受伤了，需要很久很久才能够痊愈。

而发生在我们班龙龙小朋友身上的故事，更能说明爸爸妈妈吵架离婚对孩子的伤害有多大。

一天早上，我刚来到教室，龙龙就跑过来扑到了我的怀里，大哭着说："老师，我爸爸死了。"听到这个消息我大吃一惊，昨天放学还是龙龙爸爸来接的龙龙，才隔了一个晚上就出事了，看来不是疾病，就是意外了。我心疼地连忙把龙龙搂在怀里，生命无常，让这样小的孩子承受这样大的伤痛真是有些无情。我一边安抚龙龙一边掏出手机，告诉龙龙，我给他妈妈打电话让她来接他回家。出了这样的事情，孩子最应该待在妈妈身边获得安慰，而不是坐在幼儿园的教室里独自悲伤。谁知道我电话还没有拨出去，手就被龙龙按住了，龙龙不要我给他妈妈打电话，告诉我妈妈不让爸爸回来了，是她说的爸爸死了。"

我一下子明白了，事情不是我想的那样子，龙龙爸爸没有去世，是龙龙爸爸妈妈吵架了。"爸爸死了"只是妈妈一时说的气话。明白了事情的真相，我安慰龙龙爸爸没有死，是爸爸妈妈吵架了，等妈妈不生气了，爸爸就会回来的。谁知我刚说完，龙龙又大哭起来，他哭着说，妈妈说再也不让爸爸回来了，她要和爸爸离婚。

从一个5岁的孩子嘴里说出离婚我又是大吃一惊，我问龙龙，爸爸妈妈经常说离婚吗？龙龙肯定地点点头，说他们一吵架就说离婚，他们一说离婚他就害怕。接下来的几天，龙龙总是不停地问我："老师爸爸妈妈真的会离婚吗？"直到我把龙龙的情况告诉了龙龙的爸爸妈妈，龙龙爸爸妈妈一起来接龙龙回家，龙龙才不再问这个问题了。

不过，龙龙妈妈和我说经过这件事，龙龙仿佛特别害怕他们吵架，只要两个人一争吵，龙龙就哭闹，每次还小心翼翼地问他们两个人会不会离婚，问我该怎么办。

我告诉龙龙妈妈因为他们夫妻吵架嚷着离婚，让龙龙感到恐慌和害怕，他在用他的方式阻止你们离婚，唯一的补救措施是，别在孩子面前吵架，更不能当着孩子的面提离婚，孩子小，承受不了离婚这样的大事。

无论是儿童还是成人，都需要安全感。尤其是四五岁的孩子，对安全感特别敏感。因为有了一定的情感体验，他们会通过身边人的态度、事件的反应来判定这个安全感是否稳固。在这个年龄段的孩子的世界，家就是他们的港湾，爸爸妈妈就是他们的全部。在爸爸妈妈营造的这个港湾里，他们能感到绝对的自在和安全。而爸爸妈妈的争吵，冷战，离婚，会让他们觉察出这个安全感不再那样稳固了，他们会感到害怕和恐慌。这时候，如果双方真的离婚了，孩子被判定跟随其中的一个人，由于家庭的不完整，安全感也随之缺失。如果双方并没有离婚，而是不断地发生争吵，并不断地把离婚摆上日程，孩子的不安和恐惧的情绪就会更加强烈。丧失的安全感，会让孩子变得惶恐不安，心事重的孩子就会变得郁郁寡欢，这是安全感丧失带来的负面效果。

第 **7** 章

为什么你的教育无能为力

按照育儿书上传授的方式严格教养，孩子依旧养不成规矩；按照专家指导的方法平等温和地对待孩子，孩子还是我行我素，淘气上天。难道养育孩子真的这样难？

1　虚假的惩戒毫无力量

　　业余时间我开了一家小小的心理理疗室，主要接受关于儿童成长时期话题的咨询。

　　我的第一个"病人"是京京。京京妈妈陈述京京的情况。京京好像是一个丢了心的人，做事情的时候好像被别人偷去了心，一点儿也不在状态，尤其是面对妈妈提出的要求时，总是一副满不在乎的样子，这让京京妈妈难过又生气。京京妈妈想让我给孩子一些指导，最让她想不通的是，孩子在幼儿园里就变得非常听话，但只要离开幼儿园就变了另一幅面孔，她实在不知道问题出在了哪里。

苦于不知道京京的问题出在哪里，我请京京妈妈讲述一下京京的日常。

　　京京妈妈开始了她的讲述：每天早上起床是京京的一件大事，因为京京从来都不自己起床，需要她连催带哄好几次，气得她每次都大嚷着"再不起床就不让吃早饭了"，但还是没有效果；京京吃饭也是让她头痛的一件大事，京京从来不主动拿起碗筷吃饭，每次都要自己追着喂才能勉强吃一点儿；而最让她难受的是京京不听话这件事，家里无论谁说的话京京都不听。

　　她说完，静静地看着我。我已经在脑海中勾勒出一幅京京家的画面。早上，京京赖在床上不起床，妈妈开始哄京京起床，京京却并不配合，在床上翻滚，妈妈急了，告诉京京："如果再不起就不许吃早饭。"京京却还是不为所动，妈妈没有办法，只得把京京拉起来，强行给他穿上衣服。吃饭的时候也是一样，京京不吃，妈妈一边告诉他："再不吃饭就不许吃饭了。"然后一边往京京的嘴里喂饭。这个场景太熟悉了。

　　表妹家就经常出现这样的画面。表妹的孩子熊熊顽皮又淘气，最气人的是每天早上早早醒来，却赖在床上不起来，表妹只好过来哄他。可是熊熊一点儿也不听表妹的话，根本就不为所动，表妹没有办法，一边狠狠地警告他"再不起床就不许吃早饭"，一边给他穿衣服。当一切忙完了坐在餐桌前的时候，新的事情出现了，面对表妹精心准备的菜肴，熊熊没有一点儿吃的欲望，表妹又开启了喂饭模式，边喂边恶生生地警告熊熊"再不好好吃饭别吃了"。可是她所做的一切都无济于事，能喂进熊熊嘴里的饭菜还是没多少。

表妹常跟我抱怨，她每天早上都和上战场一样，问我有没有办法对付熊熊这个"熊孩子"。

办法一定有。见过表妹几天的生活情境，我就知道她为什么这样累了。因为她给出的命令太矛盾了，她一边因为熊熊不愿意起床，作为惩罚不让熊熊吃饭，却一边追着给熊熊喂饭，自己的行为打破了自己制定的规矩，自相矛盾。京京的事件简直就是表妹家熊熊事件的翻版，犯了同一个错误，随意说出惩戒，却不实施，自己拆自己的台打自己的脸。

我曾经问过表妹，为什么告诉熊熊不好好吃饭就不许吃饭而不真正的执行。表妹悠悠地说："孩子正长身体的时候，哪能舍得不让他吃饭，还不是吓唬他一下。"

一句话暴露了事情的根源，她并不是真的不让熊熊吃饭，只是吓唬一下而已。可是她不知道孩子的世界里没有虚假，他们会把一切都当成真实的。他们本以为大人真的不让自己吃饭，但后来又发现大人并没有不让自己吃饭时，对大人的这句话就再也不害怕了。孩子没有生活经验，做的任何事情都需要指引，他们也非常聪明的在你的言行里接收信息。起床和吃饭本来是不相干的两件事，京京妈妈和表妹不约而同地把不起床不许吃饭把这两个事情连在了一起，并且作为了惩罚的方式。这个时候，孩子应该是惶恐的，害怕妈妈不让自己吃饭。可是这个惩罚并没有被实施，孩子们起床后，妈妈直接把他们拖到了餐桌前，逼着吃饭，若孩子不吃饭，妈妈又用再也不许吃饭相要挟，而接下来喂饭的动作，又破坏了自己刚刚制定的规矩。这样一来，妈妈所制定的规则就没有了分量。

　　"再不好好吃饭就不让你吃饭了""再不听话就不让你看动画片了""再摔玩具就不给你买新玩具了"，但是结果呢，饭照样喂着吃，动画片照样给看，玩具依旧给买。生活中有很多这样的父母，一方面自己制定了惩戒的标准，一方面却照样放行，让惩戒成为虚假的口头协议，没有一丝震慑力，孩子根本不会当回事。

　　孩子在幼儿园里听老师的话，在家里不听父母的话，有一部分的原因就是源自父母的这种虚假的惩戒。在幼儿园里，如果犯了错误，会立马受到惩罚。久而久之，孩子自然知道了老师的"威力"，变得愿意听从老师的话。而在家里，妈妈提出了惩罚却不执行，让孩子丝毫感受不到做错事被惩罚的恐惧，不听话就变得理所当然了。

　　要想让孩子听话，父母首先要说得出做得到，提出的奖励或者惩罚措施要及时兑现。父母应该和老师一起，向虚假惩罚说"不"。

2 矛盾的教养方式"教晕"了孩子

相对于父母教育时呈现出的"虚假惩戒",还有一种更严重的情况,容易把孩子变成一个矛盾的孩子。这种情况就是矛盾式。

虚假惩戒发生在一个教养人之间,而矛盾的教养方式一般发生在夫妻双方,或者隔代教养人之间。生活中教育孩子的时候有不少矛盾教养的例子。典型的是妈妈说一套,爸爸说一套这种模式。

冬天,童童从幼儿园放学回到家,童童的妈妈让童童回到家就写作业,童童的爸爸告诉童童回家之后暖和一下,等一会儿再写；琳琳要出外面和小朋友玩，提出把自己的雪饼分给小朋友吃，爷爷点点头说："好。"奶奶却拉着琳琳的手说："傻孩子，东西自己留着吃吧。"雯雯爸爸告诉雯雯要尊老爱幼，自己却在公交车上和老人抢座位……这些事件，每件都是截然相反的两个方向。幼儿时期，孩子的思维定式还没有形成，需要家人指导他应该做什么，这两个截然相反的方向，让孩子的思维彻底混乱，茫然无措，不知道该听谁的建议。

心理学上有个著名的"手表定律"：一个人拥有一块手表，可以知道时间；拥有两块或者两块以上的手表，并不能告诉你更精准的时间，反而会让你的思维更加混乱，不知道到底哪个是正确的时间。这个定律告诉人们，对于同样一件事情，不能同时设置两个以上的目标，那样会让人无从选择，不知所措。孩子也是一样，他更不可同时接受两种不同的命令，或者两种不同的教育理念，这样会让他紧张无措，无所适从，思维进入混乱状态。

在列举的事件中，童童不明白自己该不该写作业，琳琳不知道自己该不该把食物分给小朋友，雯雯则是不清楚到底应不应该给老人让座位。截然相反的两个命令或者表现，让他们不知所措。长时间沉陷在矛盾之中，还会让他们失去判断事物的能力和决断能力。

有一位教育工作者曾经说过，父母们在告诉孩子什么是对的事情时，自己却总在做一件"错事"。错事就体现在一件件矛盾的指令中。

这些矛盾的指令，大多数都是教育观念不同产生的矛盾，比如"言传"和"身教"之间的矛盾，"穷养"与"富养"之间的矛盾，"发展"与"限制"之间的矛盾，"学校"和"家庭"之间的矛盾。

最容易被忽视的是"学校教育"和"家庭教育"之间的矛盾。而这个矛盾恰恰是最不该出现的矛盾，因为这两种环境都是以孩子健康成长为目的的，却是出现问题最多的矛盾，不少父母把孩子送到学校，却并不认可学校的教育理念。究其原因还是教育观念上的想法不一致，可是两种相冲突的教育理念和命令都加在一个只有几岁的孩子身上，这就很容易让孩子不知所措。

5岁的蓉蓉就经常受到这样的困扰。放学了，蓉蓉看见妈妈在擦玻璃，拿着一块抹布也跟着擦起来，并兴冲冲地和妈妈说："老师说了，小朋友要勤劳，要帮助妈妈做家务。"妈妈马上抢走了蓉蓉手上的抹布："妈妈可不用你干活儿，你去玩去吧，别跟着捣乱了。"公交车上，上来一个老奶奶，蓉蓉告诉爸爸，老师说要尊重老人，要给老人让座。正当蓉蓉要站起来给老奶奶让座时，被爸爸一把拉住："别人都不让做座，你让什么？"这几种冲突放在蓉蓉面前，蓉蓉完全不知道哪种是正确的，哪种是错误的，自己应该听从谁的建议。

长此以往，孩子的思维始终处于混乱的状态，很难建立自己的思维认知模式，始终懵懵懂懂。在这样的混乱教育模式下，孩子的思维也是混乱的，分不清事情的主次，不明白规矩的重要性也就理所当然了。

3 棍棒底下打不出好孩子

　　幼儿三四岁，除了是重要的第一叛逆期，更是孩子成长的一个重要时期，人格塑造，性格养成都在这个时期萌芽。长期的拳脚管教，孩子会走向自卑或者自负两个极端。自卑的孩子处处压抑自己，自负的孩子处处高抬自己，哪一种，都是孩子成长路上的性格杀手。

　　"棍棒底下出孝子"是古时候留下的教育理论，虽然现在随着教育观念的更新，已经退出了育儿的正统舞台，但是，也有不少父母，喜欢沿用这种教育方法。他们的教育只有一句口号：孩子什么都不懂，打一顿就好了。

小蕊就信奉棍棒底下出孝子的理论，用棍棒管教孩子。小蕊有一个5岁的女儿，长得非常可爱，就是异常淘气，小手小脚没有一刻是安静的。刚收拾好的家，没几分钟就变成兵荒马乱的战场；新买的玩具，没玩上几天，就变成了一堆零件；爷爷的眼镜，一个没留神就"躺"在了水盆里。每一件事情发生后，小蕊就抓过孩子来打一顿。弄得孩子的小脸儿经常挂着眼泪。有时候，手上、身上还带着青一块，紫一块的伤。

小蕊把孩子送到我们班的时候，第一句话就是："老师，孩子要是不听话，你告诉我，我回家打她。"

可是，就是这个几乎被妈妈打大的孩子，却丝毫没让我省一点儿心，上课不是动动桌子，弄出一声刺耳的声音，就是拿其他孩子的玩具，班里的规则她视如无物。更让我生气的是，我的轻声细语对她不起一点儿作用，无论我怎样晓之以理，动之以情，她都听不进去，依然我行我素，想干什么就干什么，非常执拗和任性。

实在是没有办法管束，我只好把情况一一跟小蕊反应。谁知道，还没听完我的描述，小蕊就把孩子推到了一边，之后又抬起脚来。我见状连忙把小蕊的女儿拉到了一边，看着小蕊的表现我开始后悔把孩子的情况跟她反映，也突然理解孩子为什么不听话，不守规矩了。相对于小蕊的力度，我那些不痛不痒的语言教育显得多少有些苍白了。

这也是我从教十年来发现的一个怪异现象，家里教育的方式如果是粗暴打骂的，这个孩子在学校里就越调皮难管。

我们幼儿园已经是小蕊孩子换的第三家幼儿园了。前几次转园的原因，都是幼儿园老师反映孩子在学校不懂规矩。第一次转园的时候，小蕊非常不服气。在她的眼里，孩子乖巧听话，怎么都不能是一个"熊孩子"，她怀疑幼儿园老师对孩子有偏见，就换了一所幼儿园。没想到，一个月之后，幼儿园老师还是一次次告状，孩子在幼儿园里不听话，不懂规矩。这次小蕊没着急换园，而是躲在窗户后边偷偷看老师有没有说谎，结果她看到让自己不敢相信的一幕：课堂上，其他小朋友都在认真听老师讲课，做游戏，只有她的女儿一次次走出座位，不是到卫生间走一遍，就是到饮水机前接杯水。这哪里是家里那个规规矩矩的小孩子呢？控制不住情绪，她冲进教室拉过孩子就是一顿打，结果可想而知，因为不好意思面对老师，她又给孩子转了幼儿园。这次转园的目的除了避免尴尬，她还想用一

213

个陌生的环境，让孩子因为陌生而害怕变得安静些，谁知道事与愿违，才转过来两周，我就把她请到了我的办公室。

坐在我的办公室里，小蕊向我讲述了事情的始末后，向我讨要答案："老师，这孩子是一个倔孩子，我要怎么才能把她管好啊？"我告诉她："办法只有一个，收起你的拳脚，学会倾听孩子的声音。"

孩子在小蕊面前乖巧是因为惧怕小蕊。孩子虽小却十分聪明，能知道怎样避免自己少受伤害。发现乖巧听话能避免挨打，自然就乖巧些。但是不是绝对的"顺服"呢？当然不是，一旦他们发现不用乖巧听话照样也不用挨打时，就会恢复本性，变得难以管束。

孩子是一个个体，也有个体的情感与需求，也有心事，他们也像成人一样需要被倾听。多和孩子沟通，知道孩子的想法，和孩子的灵魂同步，不打不骂也能教出好孩子来。

从儿童心理学上讲，幼儿的第一叛逆期就会出现难管束的现象。管教得当，孩子会顺利度过，如果管教不当，将会影响以后的成长发展。打骂教育，就是过度管教，轻者让孩子变得为了讨好和展示自我的两副矛盾的面孔；重者会在孩子心中留下心理阴影，有的记忆力好的孩子，会记得三四岁时和家人相处的往事，如果三四岁的时候，每天生活在拳脚下，这会留在孩子头脑中什么记忆，后果可想而知。

4　表扬不是万金油

　　我每天晚上临睡前都有看书的习惯。这天夜读，看到一篇文章里非常有趣的一个片段：一个小男孩家里来了客人，其中还有一个刚会走路的小客人。小男孩看见了，连忙把自己喜欢吃的小蛋糕给了小弟弟。谁知道，小男孩送出蛋糕后却满脸的不开心。妈妈见了，很是奇怪，问他："是不是后悔把蛋糕拿给小弟弟吃了？"小男孩看了看妈妈，摇着头说："不是，我都把蛋糕送给小弟弟半天了，怎么你们还不表扬我呢？"。我粲然一笑，原来小男孩的不开心是因为没有得到表扬。

　　这让我想到了一个表姐家的孩子凡凡。有一次我到表姐家做客，6岁的凡凡不仅给我倒饮料，还给我找水果吃，忙得不亦乐乎。我一一笑纳之后坐下来和表姐聊天，凡凡坐在我的身边摇着我的胳膊问："小姨，你还忘了一件事儿呢。"我一头雾水，后知后觉地从口袋里掏出一盒巧克力递给她，谁知道她把巧克力放在一边还是晃着我的胳膊，说我忘了一件事。看我实在想不起来，马上嘟起了小嘴，一副很不开心的样子。这时表姐给我打圆场，说："不知道最近这个孩子怎么搞的，做什么事情总想要人家夸她几句。要是得不到表扬，马上不开心起来。"听了表姐的话，我告诉她，或许是因为你们平时给了她太多的表扬。因为听不到表扬心里就不太舒服，所以追着要表扬。

我这样说是有根据的。我以前接触过一个小孩子就是这种情况，非常喜欢听到大家的表扬。好像做每件事情的目的就是为了得到表扬一样，帮我搬把小椅子，不用我说"谢谢"，而是让我说"你真棒"；帮小朋友递个玩具，也不用小朋友说"谢谢"，而是让朋友说"你真好"。开始的时候我非常奇怪，一般情况下，帮助了别人，"谢谢"和"不客气"才是标准的礼貌用语，他为什么单单对"你真好""你真棒"情有

217

独钟呢？后来和他的家人接触久了我才了解，他在家里经常得到表扬，帮奶奶拿一个茶杯，奶奶会夸一句"好孩子"，给爷爷捶捶背，爷爷会夸一句"你真乖"。帮爸爸妈妈做一些零碎的小事，爸爸妈妈也会及时送上表扬。久而久之，变成了一个"求表扬"的孩子，做完他认为的"好事"之后，有人表扬就心花怒放，要是听不到表扬就垂头丧气。凡凡的情况简直和他如出一辙。

这个小孩子"求表扬"的原因是平时家人表扬过多，凡凡的情况也应该如此。据我所知，表姐是个表扬女儿的"狂魔"。表姐两口子信奉鼓励教育可以培养孩子的自信，孩子做什么都及时送上表扬和赞美。凡凡还是一个小小孩的时候，表姐就"你做得太好了""你真棒"不离口，后来凡凡大些了，表姐的表扬更是如影随形，凡凡学会了一个舞蹈，表姐表扬"宝贝儿太棒了，你跳得最好了"，凡凡背会了一首诗，算会了一道题，表姐表扬"宝贝儿，你真聪明"，表姐的用意很简单，这样随时表扬鼓励，能够培养出凡凡足够的自信来。不过从今天的情况看来，自信心不一定培养起来了，倒是把凡凡培养成了一个"求表扬"的孩子。孩子还小，还停留在"不表扬不舒服"的阶段，年龄稍大一些，会让孩子变得自高自大，目中无人。

现在的凡凡就已经露出了这样的端倪。家庭聚会，大家都表扬表哥家孩子欣彤故事讲得好，凡凡撅着小嘴走过来说："谁说她讲得好，我讲得比她好多了。"到广场玩，大家都夸一个领舞的小朋友跳舞跳得好，凡凡一脸不甘心地说："她跳得一点儿都不好，我要是跳比她好多了。"

自信是好事，但是盲目的自信和自我吹捧就是自大，是成长的绊脚石。骄傲自大的孩子往往过高地估计自己，认为自己比谁都强，只看到自己的长处，看不到自己的短处，拿自己的长处比他人的短处。过度表扬和夸赞是让孩子骄傲自大的催化剂。小孩子的自我评价能力还很差，看到那么多人肯定自己，会产生错误的认识，认为自己真的就很优秀，从而产生骄傲的情绪。孩子之所以自我夸耀，很多的情况下是父母过度夸耀的结果。

我的邻居小文就特别喜欢夸耀孩子。小文的女儿圆圆是一个普通的小女孩，什么也不算太突出，但是在小文的嘴里，圆圆做的每一件事都是不同凡响的。圆圆画了一幅画，凌乱的画面根本看不出什么形状来，小文看了，欢快地对圆圆说："宝贝儿，你画得可真好，妈妈都画不出来。"圆圆学写字，每个字写得特别大，都超出了格子，小文看见了还是啧啧夸赞："宝贝儿，你写得太好了。"我明白小文的想法，都说夸奖孩子会让孩子更加进步，更有成就感，她是在用表扬为孩子建一个城堡，可是圆圆当时已经快6岁了，6岁的孩子写出那样的字，画出那样的画实在是没有任何理由夸赞的。夸赞可以，但要有度。在孩子成长的路上，不能只给鲜花和掌声，还要给忠告和指导，错误的表扬无形中告诉孩子她做得很好，个别的孩子会按照这个模式一直做下去。圆圆就是个例子，我听见小文表扬圆圆已经是一年前的事了，现在圆圆的画还是看不出模样，写的字，还是大大地超出了格子。

只给鲜花，不给正确的教导，怎么夸奖孩子也不会有大的进步，反倒让孩子的虚荣心暴涨。如果爸爸妈妈经常在朋友面前炫耀自己的孩子，孩子就会认为别人都不如自己，从而产生自负自大的心理。

表扬孩子要有一定的技巧，"你真好""你真棒"已经是表扬的过去式了，事实证明，这样的夸赞除了滋长孩子盲目自大的情绪之外，没有任何具体的意义。真正的夸赞是让孩子知道自己好在哪里，表扬夸赞要有明确的指向，才能让孩子有更明确的目标，知道自己以后该怎么做。心理学上说，每个人都是希望得到肯定和表扬的，那是对他们的一个认可。但是父母要谨记，只有适当的表扬才能起到这个效果。

5　父母意见不一致对孩子的影响有多大

　　每天晚上九点是周周的睡觉的时间。放暑假的前一天，都晚上九点了，周周还坐在电视机前。妈妈走过去叫周周睡觉，可是动画片正演到关键的地方，周周根本不想睡，请求妈妈让他多看一会儿。妈妈坚决不同意，这时候，爸爸听见了，对妈妈说："明天都放假了，就让孩子再看一会儿吧。"周周听见了，马上心安理得地重新坐到了电视机前。看见儿子坐过去，妈妈非常生气，一面上前拉扯儿子，一面冲着爸爸吼："放假就不按时睡觉了，有你这样管孩子的吗？"爸爸听见急了，生气地嚷着："我这样管孩子怎么了，一天不按时睡觉能有什么事儿？"两个人声音越来越大，最后竟然吵了起来。吓得周周站在客厅里，看电视也不是，不看电视也不是。原本只是一个叫孩子睡觉的动作，却变成了一场家庭争吵，相信大家对这样的场景一定不会陌生。

几乎有孩子的家庭，在教育孩子这件事上，都遇到过这样的情况，两个人都有个各自的看法，谁也不能说服谁，在教育孩子这件事情上就变成两个人之间的一场争吵。

我的邻居徐大哥家就经常上演这样的争吵。徐嫂的儿子果果非常淘气，几乎没有一刻时间是闲着的，为此徐嫂给他制定了严格的计划，并且随时监督执行。徐大哥对徐姐这样的做法却颇有微词，徐大哥认为小孩子不能管得那样严格，应该让孩子有一个快乐的童年。徐大哥跟徐姐就像金星遇到了火星，两个人经常因为如何样教育果果的事情而大动肝火。每周二，徐嫂都要带果果学钢琴。有一次徐嫂带着果果学琴，钢琴老师临时有事，早下课一个小时，徐嫂就带着果果回到家，但此时还没有到晚饭的时间，徐嫂就让果果把新学的曲子练习一下，果果一听还要练琴，马上大叫着表示抗议。当时徐大哥正在房间里看电视，一听见果果很不情愿配合，就有些不高兴，对徐嫂说，果果已经练了一下午的琴了，应当让孩子休息一下，不能把孩子逼得太紧了。说完不顾徐嫂的白眼，挥手叫果果打一会儿游戏放松一下。徐嫂听见了，气得都要跳起来了，除了督促练琴，玩游戏也是徐嫂防范的重点，果果本来就淘气，如果再迷上游戏，后果可想而知。就这样两个人从该不该练琴升级到该不该让孩子娱乐，战事也跟着升级，从开始你来我往的斗嘴，变成了争吵，徐嫂还差点儿掀了桌子。果果看着吵作一团的两个人，吓得蹲在地上哭了起来，两个人这才收住了锋芒。

表面上看，徐大哥和徐嫂两个人是因为让不让孩子练琴的一件小事而引发了这场争吵，究其原因是，两个人教育理念的不同产生的冲突。一个奉行严厉教养，一个信奉宽松教育，一紧一松两种教育模式，一定会发生碰撞，美中不足的是，这场碰撞不仅没能碰撞出火花，相反长此下去，碰撞出的是父母最不愿意看到的情况，孩子面对争论不休的父母不知所措。

北京青少年心理咨询中心对九百多名幼儿及其父母的一项问卷调查显示，六成年轻父母在教育孩子时常常出现意见不一致。小到穿衣吃饭，大到考试求学，排除夫妻两个人脾气暴躁，有话不会好好说的外在原因，教育孩子观念不一致是直接的原因。

　　在这两种教育理念的夹击下，最直接的后果是，孩子不知道具体该听从谁的意见。教育专家指出，对于没有是非辨别的能力、独立性比较差、依赖成人的判断的孩子来说，需要的是一致性的规范和一种指导性的建议。如果两个人同时告诉他一件事情的不同做法，而且两个人都是和他关系最亲密的人，他就会感到很困惑，随着年龄的增长，这种内心的冲突也在累积。有些所谓的"两面派孩子"就是这样产生的，不管爸爸说的有理还是妈妈说的正确，他更愿意趋从于对自己有利的那一方。生活中有很多这样的孩子，在妈妈面前一个样儿，在爸爸面前又是一个样儿。

　　其实这个情况一点儿都不难解释，一件事情，如果给我们成人两种原则，我们也会摇摆不定，甚至迷惘，何况是一个孩子，他们没有经验和明辨是非的能力，更容易逻辑混乱。

　　让孩子听从意见，父母在教育方式上就要协商一致，让孩子掌握一个信奉的标准。父母也尽量避免在孩子面前争论，让孩子认定，你给他的选择是唯一的且是正确的，让他坚定地相信你。

第 **8** 章

教养攻略
——做好孩子成长的舵手

家庭和幼儿园是幼儿生活的两个主要场所，孩子所有习

惯的养成都是在这两个场所完成的。3～6岁是幼儿的

关键期，当两个场所的要求和规则不一致的时候，幼儿

会茫然无措，无所适从。让孩子平稳度过这一重要时期，

最有效的办法是与幼儿园保持一致，配合老师，引领幼

儿学习和掌握各种规则。

1 礼貌篇：我们一起讲礼貌

　　三岁半的琳琳上幼儿园了。第一天从幼儿园回来，琳琳就奶声奶气地告诉妈妈："老师说，小朋友要有礼貌，要学会说'谢谢'。"妈妈高兴地说："是吗，那你可要记住啊，有人帮助你的时候，一定记得说'谢谢'哦。"

　　吃晚饭的时候，琳琳想吃爸爸面前的竹笋，妈妈帮忙拿了过来，琳琳见了喜笑颜开地吃起来，把说"谢谢"的事情忘在了脑后。妈妈在一边连忙提醒琳琳："宝贝儿，妈妈帮了你，要说什么啊？"

　　琳琳只顾着吃东西，根本没听见妈妈的话，直到妈妈又问了一次，琳琳想了想，才怯生生地说："谢谢。"琳琳的奶奶看见了，不满意地对妈妈说："这是在家里，我们是一家人，就不用这样客气了，让孩子好好吃顿饭。"听见有人护着她，琳琳不再看妈妈，大口地吃起来。

看到琳琳满不在乎的样子，妈妈不满地摇了摇头。晚上，妈妈给琳琳讲故事的时候，特别找了一个教孩子懂礼貌的绘本。里面不仅教孩子要说"谢谢"，还有"对不起""不客气"等其他礼貌用语。讲完故事，妈妈对琳琳说："我们来个讲礼貌比赛吧，看谁是有礼貌的孩子。""好啊，好啊。"一听到要比赛，琳琳的小眼睛里面放出了光亮，拍着小手叫好。

第二天下班，琳琳妈妈画了很大的一张表格，把全家人的名字都写在了上面并告诉大家，以后在家里也要讲礼貌，谁讲礼貌，说礼貌用语就奖励谁一颗小星星，大家互相监督。说完还变戏法地从身后变出一沓漂亮的星星贴纸来，看到漂亮的贴纸，琳琳高兴坏了，告诉妈妈她一定是得到贴纸最多的那一个。妈妈笑了笑对琳琳说："那也不一定哦，要看你能不能做到。"

就像中了魔法一样，自从妈妈把表格贴在墙上，琳琳就变得有礼貌多了，奶奶帮她把书包送过来她会说"谢谢"，爸爸给她买来心爱的玩具她会说"谢谢"，不小心踩脏了妈妈刚擦好的地板，她对妈妈歉意地说"对不起"。还没等把墙上的表格贴满小星星，讲礼貌已经成了琳琳的一个重要标志，不仅自己讲礼貌，在幼儿园和公共场合还告诉其他的小朋友要有礼貌。

开始的时候，爸爸和奶奶是反对妈妈这样做的，认为在自己家里，讲礼貌用语不自在，一家人原本亲亲密密，总是把"谢谢""对不起"挂在嘴上太客套，太生疏了，可是过了一段时间发现，琳琳不仅有礼貌，还变得体贴懂事了，大家也就不再反对了。不仅不反对，而且也会不自觉地使用礼貌用语，家里的气氛变得和谐多了。

无论什么时候，讲文明懂礼貌都是衡量一个人，甚至一个家庭是否有教养的标志，尤其是小朋友。一个孩子能否懂礼貌更能折射出这个家庭的素养，一个懂礼貌的孩子为家庭加分，相反，一个没有礼貌，肆无忌惮的孩子，无论父母创造了多大成就，在其他人眼里，也是一个失败者，起码是家庭教育的失败者。孩子是人一生中最伟大，也是最重要的事业。

让孩子从小养成懂礼貌的习惯有多重要？从小懂礼貌的孩子情商高，待人谦和、亲切，虽然把优雅这个词放在小孩子身上有些过早，但透出的亲切和温和是以后气质的代名词。

从小懂礼貌的孩子相对于其他的孩子更懂得感恩，也更能体察别人的心情，别看他们年纪小，得到的称赞足以让他把礼貌深植于心。

让孩子讲文明，懂礼貌，绝不是耳提面命就能做到的事情，而是全家都加入到这个阵营里来，让孩子包裹在文明礼貌的氛围中。近朱者赤，有了好的熏陶，不用教授也能成为一个懂礼貌的孩子。

2 秩序篇：爸爸妈妈也排队

　　爸爸妈妈带着3岁的萌萌坐地铁去姥姥家。萌萌第一次坐地铁，对什么都感兴趣，不停地东走西看，不一会儿她就发现一件非常有趣的事儿，站台上隔一段距离就有一排整齐的脚印。这些脚印是做什么的呢？她蹲在地上研究起来，可是研究了半天也没有弄明白脚印到底是做什么的，就跑过去问爸爸："爸爸爸爸，地上那些脚印是做什么的呢？""这些脚印啊，是告诉人们应该要站在这里等车，这样等车的时候大家都排队上车，就不会挤了。"爸爸说完就站在了脚印里，并让萌萌站在旁边的脚印里。

言传身教，教给孩子规矩，不是贴在他的耳边告诉他要怎么做，而是要用行动来带动他。幼儿园老师教授是言传，父母以身作则带着孩子执行，遵守规则，是身教。只有言传身教，孩子才能一点点懂得规矩的重要性。

近一年来，网络上"熊孩子"惹事的新闻不绝于屏，说到底都是缺乏规矩意识。因为不懂规矩，南航上一个6岁的小男孩不断打扰邻座的乘客；因为不懂规矩，南宁电影院里，一个6岁的孩子踢前排一个女士的座椅；因为不懂规矩，长沙一个6岁的男孩把一个2岁的小女孩单独关在电梯里，并且按下了18楼的按钮，造成了小女孩惨死的悲剧。这一桩桩，一件件，揪其深处的根源都是孩子心中没有规则意识。从小把规则意识装进孩子的心里，孩子永远做不出出格的事情来。

幼儿阶段是社会性各种能力迅速发展的阶段，在幼儿期对他们进行规则意识的培养，是非常重要的。而现在由于教育观念的转变，对于孩子的早期教育，大幅度倾向于智力投资，往往疏忽了非智力因素的启蒙与教育，致使幼儿没有规则意识，社会性能力差，如果父母都能以身作则，言传身教，这个问题就会迎刃而解。

3 自理篇：一个人成长

　　约好和朋友一起带孩子出去玩，星期天一早吃过早饭我就带着孩子去了朋友家，朋友也早已经收拾完毕，正在帮助她的小女儿穿衣服。她的小女儿晶晶长得白白净净，非常可爱，穿着一件白色公主裙更显娇嫩可爱。看见我们来了，晶晶有些心急，趁朋友招呼我们的空挡，就自己找来了一双白色的袜子往脚上套。朋友看见了，笑着说："你自己穿不好，等着一会儿妈妈给你穿。""我不，我自己能穿。"晶晶说着倔强地往脚上穿。我一贯助长孩子自己的事情自己做，于是坐在一旁看小女孩自己穿袜子。谁知，还没穿到一半朋友就走了过来，一把抢过了晶晶手中的袜子并给她穿上了，一边穿一边说："总是抢着自己穿，等你长大了才能会穿呢。"说完又朝我笑笑，说："这孩子总是逞能，等自己会穿的时候就该不穿了。"我没有接她的话，而是反问一句："平时都是你给她穿的吗？"朋友还没来得及回答，晶晶就噘着嘴把话接了过去："可不是，我妈就说我不会穿。"

透过小丫头撅起的嘴巴，我看到了她心中小小的不满。可不是，在孩子看来，有时候自己穿衣穿袜这些小事就像玩一样有趣。这样有趣的事情被妈妈禁止和剥夺了，她怎么能高兴呢？那里面可藏着动手的乐趣呢。

虽然都知道让孩子自理的重要性，但是在执行的过程中总是有各种难度，时间太赶，没有太多的时间等着孩子一颗颗扣纽扣，系鞋带；太过于疼爱，总是忍不住帮忙……父母的包办代办，亲力亲为正在剥夺孩子成长的机会。现在的孩子都是宝贝儿，每个父母都尽最大的努力呵护着，只是再怎么呵护孩子他还是要自己一个人成长，你给孩子的，永远不仅仅是一双遮风挡雨的翅膀。

孩子成长的路上需要学会很多东西，最应该学会的就是自理，自己的事情自己做，自己照顾好自己。一位教育家说过，孩子最好的成长就是先把自己照顾好，之后学着照顾别人。

而孩子其实是非常喜欢自己做事的，每做一件事对他们来说都是一次探索之旅，因为有摸索的乐趣和发现的乐趣。只是更多的时候是父母剥夺了他们的这种快乐，以至于出现孩子不认识鸡蛋，不会剥虾的状况。你们相信一个16岁的孩子还不会自理吗？《变形计》栏目中就有一个16岁的孩子，妈妈喂饭、穿衣、穿袜子，姨妈给剪指甲。当然这些都是出于爱，但爱是一把双刃剑，用爱的名义剥夺孩子动手的权利，其实是剥夺了孩子生活和生存的权利。

这样长大的孩子已经由最开始的不会变成了不愿意去做。学会自理才能独立，看似是出于关爱的代替其实已经默默地关上了孩子自理的大门。想要顺利地打开这扇门，就要把孩子探索的钥匙还给他，放开手脚，让孩子学会自己的事情自己做。

4　幼儿园与家庭之间的正确打开方式

一大早闺蜜小白就给我发来一条微信说，"昨天蓝莓说幼儿园里小朋友打她了，我要不要去找一下老师呢？"蓝莓是闺蜜的女儿，4岁，在幼儿园读中班。隔着屏幕我都能感觉出小白的心疼来，自己的宝贝儿女儿被打了，怎么都让人心疼。我也有过这样的经历，孩子被打了，比自己被打了还要难受一百倍。不过我忍住心里呼之欲出的同情，让她好好问一下蓝莓事情到底是怎样的。因为以我的经验，蓝莓多半是在说谎，如果真的被打了，妈妈来接的第一时间就会委屈地告状，不会等到隔了一整夜的时间，第二天早上上学的时候才说。而且，我对于闺蜜小白提出的到幼儿园找老师的做法不是很赞同。找老师了解情况可以，但不是在这样怒气冲冲的状态下去。

孩子上了幼儿园，和老师沟通成了不少父母需要面对的事情，也成了不少父母最头痛的问题。日本教育学家用一个故事给出了答案。

故事是这样的，一位植物学家的儿子拿着一株不知名的小草问老师，小草叫什么名字。老师不认识，把小草交给孩子，告诉他："你爸爸是植物学家，他一定会知道，你回家的时候问一下爸爸。"

孩子回家之后，急忙把小草拿给爸爸看，可是爸爸告诉他自己也不认识，让他明天上学的时候问一下老师。儿子告诉他，已经问过老师了，老师不知道。植物学家温和地说："老师怎么能不知道呢，一定是他忘了，你明天再去问一下。"说完把小草还给了儿子，并且托儿子给老师带去一封信。

第二天，儿子重新拿着小草去问老师。老师很惊讶，问孩子："我昨天不是告诉你老师不认识，让你回去问爸爸吗？"孩子回答："我爸爸说他不认识，他说你一定知道，昨天可能是一时忘了。"说完把信交给了老师。

老师急忙把信打开，信一打开他就知道了孩子爸爸的用意，在信里植物学家除了交代了小草的名字，还交代了小草的特性等详细的生物学知识。信的最后，还有一行小字：我觉得这个知识，由您教给孩子更为恰当。

与老师沟通交流是必要的，但是是在信任和尊重的前提下进行的。气头上，盛气凌人找老师，怎么都有找老师理论之嫌。和老师沟通交流的最佳方式是平心静气，不要剑拔弩张。给老师足够的信任，因为老师是这个世界上唯一和你的孩子没有血缘还关心他的人。

德国教育家福禄培尔指出："学校和家庭的一致，是这一时期完善教育的首要和不可少的条件。"苏霍姆林斯基也说："实行学校、家庭教育不仅可以很好地培养年轻一代，而且还可以使家庭父母的道德面貌完美。没有对子女的教育，没有父母对学校生活的积极参与，没有承认与孩子之间经常的精神上的接触和相互理解，就不可能有社会基层单位的家庭本身，不可能有学校这个最重要的教育教学机关，也不可能有社会在精神上的进步。"可见，学校教育和家庭教育是互相信赖的，是应该互相沟通和积极配合的。

5 带领孩子走出舒适区

　　什么是舒适区？知乎和百度上都有关于舒适区的定义：舒适区是指人在某种状态下觉得舒服，放松，稳定，能够掌控，有安全感。因为人都有向往舒服的天性，所以都习惯于沉溺在自己的舒适区里。长时间沉溺舒适的人，容易懒散和松懈，且不愿意改变自己。

　　孩子也有舒适区，不过和成人的舒适区有所不同的是，成人的舒适区大多数是因为性格原因为自己营造出的一个舒适的空间，而孩子的舒适区，却因为孩子的情绪和感官还停留在游戏的快乐和无人管教的自在中，想吃就吃的零食，看不完的动画片，一关接着一关的电子游戏，在公共场所不管不顾的打闹，都是他们的舒适区，都能让他们舒服自在。

让孩子自在的在舒适区待久了，他们也不愿意改变，外界的规矩规则就成了一个壁垒，他们不愿去遵守和学习，对于大人的管教也不愿意听从。俗话说，你永远不会叫醒一个装睡的人。当一个孩子不愿意学习和改变时，再多的规矩和管教对他都不起任何作用。自在和散漫是一对好姐妹，当一个孩子躺在"自在"的天空下，散漫也就会如约而至。散漫是所有好习惯的杀手，当它入侵了孩子的血液后，要想再转变他就需要用数倍的力气。

一个孩子，在星期天和假期可以得到晚睡觉、晚起床的特权，于是整个假期就没有一天早睡觉的，早上要爸爸妈妈叫上半天才起床。可是，爸爸妈妈没觉得有什么不妥，等到上学的时候才发现，经过了一个假期的"散漫"，早上叫他起床就像一项非常艰巨的工程，需要喊很多遍才能起来，起来后也是慢吞吞地穿衣，洗脸，一点儿也不像一个活泼的孩子该有的样子。整个假期的散漫自由，已经让这个孩子在舒适区习惯了不愿意出来了。

现在有很多声音都在批判当今的孩子不能吃苦，没有责任感，不懂感恩，其实很大的原因就是他们在舒适区待得太久了，被浸染得只安于享乐。

想要孩子远离散漫这个"习惯杀手"，父母就要以身作则，带领孩子远离行为舒适区。